Decir no, por amor

Jesper Juul

Decir no, por amor

Padres que hablan claro: niños seguros de sí mismos

Traducción de
Antoni Martínez-Riu

Herder

Título original: *Kunsten at sige nej med god samvittighed*
Traducción: Antoni Martínez-Riu
Diseño de la cubierta: Arianne Faber

1.ª edición, 4ª impresión, 2024

ISBN: 978-84-254-2749-7

Imprenta: Prodigitalk
Depósito legal: B - 8394-2012
Printed in Spain - Impreso en España

Herder
www.herdereditorial.com

Índice

Introducción

—¿Puedo quedarme hoy un poquito más?
—Eres demasiado pequeño..., ¡y estás muy cansado!

—¿Por qué no me dejas que me haga un «tatoo»?
—Pero ¿no ves que queda muy feo?

—¡Quiero un helado!
—Comer muchos helados no es bueno. Hacen daño a la barriga.

—¿Por qué no nos vamos pronto a la cama y nos divertimos un poco, mientras los niños duermen?
—¿Crees realmente que eso será divertido?

—¡No quiero ir al colegio!
—¡Qué tontería! ¡Con lo que te gusta ir!

—Creo que por Pascua tendremos que ir a casa de tus padres.
—¡Pero si siempre dices que no tenemos tiempo para nosotros!

—¿Puedes darme 20 euros para la fiesta del sábado?»
—¡Si no hace ni dos días que te di la paga!

Oímos a menudo en las familias respuestas como estas. Pero ¿qué significan en realidad? ¿Sí? ¿No? ¿Quizás?

Todas las relaciones amorosas llevan el sello de un *sí* que se pronuncia desde el fondo del corazón. Es el símbolo del amor que formulamos en el plano lingüístico en el momento en que decidimos vivir al lado de otra persona. Con ese *sí* nos certificamos mutuamente la sinceridad de nuestros sentimientos y asumimos un verdadero compromiso, parte esencial del sueño de una vida en común. Es todo cuanto los hijos nacidos o adoptivos deberían descubrir en los ojos de sus padres como inicio, para unos y otros, de una relación destinada a durar para siempre.

En la vida de la mayor parte de la gente hay momentos en que esta simple sílaba parece el mayor de los dones. Es el símbolo decisivo de apertura al otro y también de confianza y voluntad de crear con el otro un espacio común, en el que la soledad queda relegada por un tiempo a un segundo plano. Puede que se trate del primer beso de la adolescencia, del tan ensayado pero no por ello menos apasionado *sí* en el momento del matrimonio, o de lo que sentimos cuando nos «inunda» el alma la mirada confiada de un bebé: en cada una de estas ocasiones tenemos la sensación de gozar de un maravilloso privilegio. A menudo nos proponemos hacer todo lo posible para ganarnos este *sí* por parte de otro, pero también a menudo las ocupaciones cotidianas hacen que dejemos a un lado este propósito.

De esta forma, poco a poco, el *sí* pierde el carácter de don y se percibe cada vez más como una exigencia u obligación, y no solo en lo interno de la propia conciencia. La pareja exige un *sí* incondicionado. Los maestros en la escuela dan por supuesto su derecho a disponer de la confianza de los alumnos. Nuestros padres, aunque no lo digan abiertamente, esperan que vayamos a verlos de vez en cuando. En la misma medida en que se reduce el gozo espontáneo del dar y del recibir, perdemos también la confianza y el amor recíprocos. En la relación de pareja, el famoso séptimo año se anuncia a menudo de esta manera, mientras que entre padres e hijos la crisis emerge, lo más tarde, cuando estos últimos han aprendido ya a expresarse con tal facilidad que hacen vacilar, con su creciente autonomía, las expectativas y los sueños de los padres.

Se produce un cambio cuando los adultos comienzan a eludir la obligación de decirse *sí*. Lo hacen cuando muestran su *no* con su comportamiento, o cuando murmuran «sí…, sí...» (que es lo mismo que un *no*), o incluso cuando finge uno ante el otro, porque perciben la relación cada vez más como algo que se parece a una cárcel. La obligación del *sí* mata el placer y fomenta la desazón.

Entre padres e hijos el amor no se agota tan rápidamente, aunque padres y madres olvidan con frecuencia aceptar como un don a los hijos cuando estos comienzan a decir *no*. Se trata de un *no* absolutamente franco, pronunciado, por así decir, con la conciencia tranquila, sin disimulos, sin la carga de un reproche latente, como sucede a menudo con los adultos.

Los padres toman muchas veces el *no* de los hijos como una cuestión personal, sin darse cuenta de que los hijos lo dirigen ante todo hacia sí mismos y no hacia los adultos. Al hacerlo, trazan sus límites individuales y muestran a sus padres quién es en realidad ese hijo que los ama incondicionalmente. Naturalmente, no se trata de un proceso consciente y ponderado, pero vale la pena que se le considere así.

En los últimos quince años, el debate en el ámbito educativo ha estado tan ampliamente dominado por la cuestión del «poner límites», que se tiende ahora a considerar dicha cuestión como el punto cardinal de la relación entre padres e hijos. La manifiesta necesidad de imponer límites a los hijos ha adquirido ya un sentido casi religioso, y ¡ay de quien no se incline dócilmente ante este dogma! Los reproches más frecuentes son irresponsabilidad e indolencia. Personalmente, tengo la impresión de que se está avanzando a pasos agigantados hacia un nuevo primitivismo pedagógico, precedido por graníticas *super-nannys* y psicólogos del comportamiento, que quieren darnos a entender que pueden transformar en pocos días incluso la más caótica de las familias en un oasis de paz y armonía.

Es de destacar, aunque resulta también inquietante, que la necesidad que sienten los padres de imponer límites a los hijos aumenta en la misma medida en que disminuye dramáticamente el «margen de juego» físico y psíquico de estos últimos. Muchos observan simplemente que los niños son hoy «más libres» en su trato con los adultos y que, desde el punto de vista económico, representan una franja deseable de nuevos consumidores. Pero no se dan cuenta de que las posibilidades de que disponen los niños de vivir y jugar entre ellos como quieren y sin la intromisión de los adultos son ahora casi nulas. Hace apenas una generación era precisamente en ese espacio en el que los adultos no hacían acto de presencia donde los niños desarrollaban la que actualmente se llama «competencia social», que no pueden enseñar ni los padres ni la escuela o la guardería, por mucho que se quiera. A los niños de hoy se les pide ante todo que «funcionen bien» –para usar una expresión misantrópica–:

una forma de uniformizar que va convirtiéndose cada vez más en una camisa de fuerza colectiva.

Este libro no trata, por tanto, de la necesidad de imponer límites a los hijos o de ejercer cuanto antes el mayor poder posible sobre los demás. Más bien se propone explicar cuán importante es para la naturaleza de nuestras relaciones más estrechas poder decir no *a los otros, porque debemos decirnos* sí *a nosotros mismos.*

Trata de por qué –para bien de todos– debemos definirnos y delimitarnos, y cómo podemos hacerlo sin ofender o herir a los demás.

Además, debemos aprender a hacer todo esto con toda tranquilidad, sabiendo que así ofrecemos a nuestros hijos modelos válidos de comportamiento.

Son sobre todo las relaciones de amor las que nos hacen conocernos mejor y más profundamente. Nos hacemos más abiertos y más vulnerables cuando amamos a alguien y estamos dispuestos, por mor de la cercanía y la vida en común, a sacrificar voluntariamente nuestros límites. A medida que maduramos y la relación evoluciona, vamos conociendo nuevos aspectos nuestros. Desaparecen unos límites y surgen otros nuevos, o se replantean los anteriores. Sanan las viejas heridas y se abren otras nuevas. La estrecha interacción que existe dentro de la familia nos procura, por así decir, una cierta dosis de golpeaduras y algún que otro rasguño. Todo sirve para aprender algo sobre nosotros mismos y los demás. Aprendemos a interesarnos por los que se han sentido heridos. Aprendemos a respetar a los demás y a marcar nuestros límites, para que nuestro comportamiento sea cada vez más claro. Si aprendemos a expresarnos con mayor claridad, no solo nos sentiremos mejor dentro de nuestra propia piel, sino que además seremos más valiosos a los ojos de los demás.

Este libro ha nacido de un profundo respeto por una generación de padres cuyo primer propósito es desarrollar su rol paterno de dentro hacia fuera, partiendo de sus propios pensamientos, sentimientos y valores, porque ya no hay ningún consenso cultural y objetivamente fundado al que puedan recurrir. A la vez, han de crear una relación paritaria de pareja que tenga en cuenta tanto las necesidades de cada uno como las exigencias de su vida en común. Si esto ha de lograrse algún día, debemos aprender a decir *no*.

Yo lo considero un arte, porque debe nacer de dentro, ha de ser personal y ha de dejar mella en alguien. La alternativa consiste en la repetición estereotipada de reproches no específicos («¿Cuántas veces debo repetirlo? ¡Te lo he dicho ya cien veces!»), que dañan la dignidad y el respeto que nos debemos a nosotros mismos.

En definitiva, podremos decirnos sí *tranquilamente y decirlo igualmente a los demás solo si somos también capaces de pronunciar un auténtico* no.

1. El arte de decir *no* a los hijos

La mayoría de los padres quisiéramos siempre decir *sí* a los hijos. Deseamos darles todo lo que está en nuestras manos y estaríamos dispuestos a entregar nuestra vida por ellos. Es esto algo totalmente lógico, puesto que el *sí* es, por excelencia, el símbolo del amor. Es la palabra clave decisiva, con la cual nos decimos que todo es como debería ser. En principio no habría nada que objetar al hecho de decir siempre *sí*, si ese *sí* proviniera siempre del fondo del corazón y estuviera libre de expectativas o segundas intenciones estratégicas. Pero esto es una ilusión; porque quien dice siempre *sí* soporta mal un *no* como respuesta.

Si leemos la bibliografía pedagógica de siglos pasados y las experiencias de sus contemporáneos no nos queda duda alguna de que los padres han experimentado siempre dificultades con el *no*. En unas épocas, lo han dicho con demasiada frecuencia, en otras con muy poca. Los contemporáneos de mis padres acabaron adoptando por lo general esta estrategia: por seguridad decían casi siempre que no. Esas negaciones iban por norma acompañadas de expresiones severas y tonos imperiosos, que manifestaban incomodidad y desazón por parte suya, ya que habrían preferido sobradamente decir *sí*.

«¡Si digo *no*, es que *no*!»

«Uno no pregunta, sino que se espera a que le pregunten.»

Así era como se pretendía que aprendiéramos a obedecer.

Desde comienzos de los años noventa los padres adoptaron otra estrategia. Por seguridad decían siempre que sí, y solo la vacilación, un resignado encogerse de hombros o el tono reticente de la voz revelaban que se anhelaba poder decir *no* alguna que otra vez.

Entre estos dos métodos con los que se intentaba resolver el propio malestar no solo pasaron cincuenta largos años, sino que, además, eran métodos ideados por sociedades completamente distintas. La generación de mis padres creció en una sociedad pobre, en la que «se sabía» cómo *criar* a los hijos y cuándo *debía* decirse *sí* y cuándo *no*. A menudo los padres se veían obligados a decir que no a sus hijos porque les era imposible, en el aspecto material, satisfacer sus deseos. A los padres que podían permitirse más cosas se les reprochaba, bajo el influjo de una envidia subliminal, que mimaban a los hijos.

Hoy día vivimos en la sociedad del bienestar y de la abundancia, en la que la mayoría de los individuos se han procurado una identidad artificial, superpuesta a la auténtica. Se han convertido en consumidores, y con ellos sus hijos. Vuelven a casa con bolsas llenas a rebosar y un particular brillo en los ojos, y hablan con extremo candor de su exitoso *power-shopping*. (Del fulgor de su mirada son responsables también las endorfinas, hormonas estimulantes segregadas en las fases de satisfacción inmediata de las necesidades.)

Gran parte de las reglas, de las normas y de los valores de la sociedad pobre ha desaparecido y, si el bienestar general se mantiene, será la nueva generación la que tendrá que averiguar cómo sobrevivir de la mejor manera posible en la sociedad de la abundancia sin sufrir daños psicológicos.

A muchos padres les es indiferente, en el aspecto económico, que en un cálido día de primavera los hijos se coman uno, dos o cinco helados, o que el vestido de la comunión cueste mucho o poco; si conviene, comprarán el más caro, para que el hijo continúe gozando de una buena reputación entre sus coetáneos. Pero quizá lo hagan también para subrayar su propio estatus. No es una novedad que los hijos ejerzan, entre otras, la función de poner de relieve la prosperidad, la excelencia y la moral de los padres, así como la de disimular sus deficiencias.

El hecho de que hay padres que no tienen la necesidad de decir *no* a los hijos podría deberse a su situación económica acomodada, pero obviamente también hay otras causas. Algunos padres temen los conflictos o simplemente son comodones; otros se proponen transformar la familia en un miniparaíso para niños; otros, finalmente, carecen de todo control sobre sí mismos o han entendido mal el precepto de ser afables con los hijos.

Antes de encontrarnos con algunas de esas familias, quisiera dedicar unas palabras a explicar por qué en principio es fundamental saber decir *no* incluso a nuestros propios hijos.

En todo comportamiento adoptado en familia importa menos lo que *hacemos que el* cómo *y el* por qué *lo hacemos. No hay motivo alguno para sostener que lo correcto es pronunciar un determinado número de noes al día. Pero tenemos muy buenos motivos para pensar que demasiados síes poco entusiastas, extorsionados, expresados de manera indirecta o dichos a la defensiva, menoscaban la relación que ha de haber entre padres e hijos.*

El *no* como respuesta amorosa

Cuando en el transcurso de mis prácticas para ser terapeuta de familia oí por primera vez la frase «Un *no* es la más amorosa de todas las respuestas posibles», no la entendí. Solo gradualmente, tras numerosas entrevistas con las más diversas familias, capté el sentido profundo de esa afirmación. Si hoy miro hacia atrás en mi vida privada y profesional, me doy cuenta de que la mayor parte de las dificultades y de los conflictos en la familia nacen también porque sus miembros no son capaces de decir *no*, aunque deseen hacerlo. Porque no definen sus propios límites personales y no los expresan con suficiente claridad, porque la cultura de la familia no lo permite o porque uno o más miembros no hacen el suficiente esfuerzo.

Con esto no pretendo decir que deberíamos «rechazarnos» más unos a otros, sino simplemente que a menudo nos preocupamos demasiado poco de nuestros límites y de nuestras necesidades individuales y tendemos a atribuir la culpa de ello a los demás. El arte de decir no *significa también asumir la propia responsabilidad, en interés de todos.*

Naturalmente tenemos siempre buenos motivos para comportarnos de un modo determinado. No queremos zaherir a los demás y mucho menos hacerles daño. Tememos el altercado de un momento (aunque provoquemos así muchos más conflictos en el futuro). Quisiéramos sentirnos queridos por los demás (pero actuamos de forma que no lo somos ni por ellos ni por nosotros mismos). Cuanto más pretendemos ser apreciados por los otros más peligro corremos de que los demás nos desprecien y se aprovechen de nosotros. Cuanto más benévolos queremos ser, más antipáticos llegamos a ser. Cuanto más generosos y magnánimos nos mostramos, más mezquinos y malhumorados acabamos siendo.

Todos estos comportamientos tienen como base nuestra necesidad existencial de ser útiles para los que amamos. Y esa necesidad se hace más visible que nunca en las relaciones con nuestros hijos, a los que no solo queremos darles todo, sino que esperamos para ellos además una vida mejor que la nuestra. Nace seguramente de la combinación entre esta exigencia fundamental y la ambición que todos los padres muestran para sus hijos; nos resulta tan difícil hallar un sano equilibrio entre el *sí* y el *no*. El *no* es así la más difícil y, por lo mismo, también la más amorosa de las respuestas: requiere sobre todo tacto, compromiso, honestidad y coraje.

Cómo tratar a los bebés

Los niños muy pequeños no están, según todas las apariencias, a merced de este dilema. Mucho antes de que aprendan a hablar dicen *no* a sus propios padres y a otros. Cuando sienten la necesidad de no tener ya más contacto, vuelven la cabeza hacia el otro lado. Cuando están saciados, se duermen en el regazo de la madre. Vomitan la comida cuando ya tienen bastante y protestan sonoramente cuando los confiamos a extraños o queremos ponerlos a dormir sin que estén cansados.

En esta fase de la vida familiar los adultos deben cruzar sus límites y anteponer el desarrollo del niño a sus exigencias personales. Esta discrepancia entre la naturalidad con la que el niño dice *no* y el deber paterno al *sí* genera los primeros verdaderos conflictos entre padres e hijos, y no pocas veces exige de los adultos un gran dominio de sí mismos.

Pero también los niños muy pequeños quieren colaborar. Se adaptan todo lo que pueden. También ellos quieren decir *sí* a los padres y a la cultura en la que casualmente han nacido. Su única condición es poder sentirse en buenas manos. Es esta necesidad de seguridad lo que algunos padres pretenden colmar satisfaciendo cualquier deseo inmediato del hijo, mientras que los padres de antes creían hacerlo imponiendo una estructura rígida y con límites bien precisos, incluso frente al llanto de protesta de sus retoños. El conocido pediatra estadounidense Benjamin Spock, por ejemplo, tranquilizaba a las madres demasiado emotivas recordándoles que el llanto era bueno para el desarrollo de los pulmones.

Los padres de niños de hasta unos 18 meses deben atender a las necesidades de sus hijos y renunciar en parte a las suyas; pero hay que tener presente que esta regla vale solo para las necesidades más acuciantes de ambas partes. Si el niño se despierta llorando, los padres deben satisfacer sus necesidades de cuidado y de consuelo, anteponiéndolas a la propia necesidad de descanso. Si un niño enferma, los padres deben, si es necesario, modificar sus planes. Si hay que cambiar los pañales, deberán interrumpir una conversación, y así sucesivamente.

En todo caso, esto no quiere decir en absoluto que los padres deban renunciar a sí mismos y negar sus propios valores, sentimientos y objetivos. Si lo hacen, es posible que no hayan entendido bien el rol de líderes que les incumbe, cosa que no obstante es fundamental para que el pequeño se sienta seguro en el seno de la familia.

Cuando, de noche, un lactante de 3 meses nos obliga a estar despiertos, obviamente no queremos otra cosa que verlo dormirse de inmediato, deseo que no debería desencadenar remordimientos de conciencia. Es importante cuidar de las necesidades del niño sin renegar de las propias. Quien, en efecto, reniega de sus propias exigencias, muy pronto se sentirá abrumado por los deberes y tenderá a endosarle al hijo la responsabilidad.

La voz interior del adulto debería más bien sugerir lo siguiente: «Ha sido una decisión mía sentarme a tu lado y esperar a que te duermas. No ha sido cosa tuya». De este modo el niño percibe lo que es un adulto y colabora. Pero si los padres no aprenden a actuar de este modo en el transcurso de los primeros meses, en cierta medida son víctimas de sus hijos y eso no hace bien a nadie.

Desarrollar una función de liderazgo no significa dar órdenes a diestro y siniestro y someter a los demás a la voluntad de uno. Consiste más bien en la capacidad de mantener con suficiente integridad los propios valores y objetivos de modo que los demás se animen a colaborar. (*Integridad* significa aquí «armonía entre mi forma de actuar y mis valores».)

He mantenido a menudo conversaciones con padres que tenían a su lado al hijo de pocos meses y he observado cosas como las que siguen. El bebé duerme en el cochecito. En un determinado momento comienza a emitir tenues gemidos. Los padres vuelven inmediatamente la cabeza e interrumpen la conversación. Algunos lo toman enseguida en brazos, lo cual supone hacer una pausa más bien larga, durante la cual se controla el pañal, se acuna al bebé y se le convence de que tome el chupete. Otros padres reanudan al instante nuestra conversación, demostrando que en ese momento lo más importante para ellos es hablar. En nueve sobre diez de estos últimos casos el niño vuelve a dormirse.

Esta capacidad de tener en cuenta las propias necesidades sin olvidar las del hijo es característica de una buena capacidad de liderazgo, da seguridad a los niños y les garantiza una relación paritaria. (La «relación paritaria» se hace evidente en el reconocimiento de igual dignidad para ambas partes, sin que por ello padres e hijos deban considerarse equivalentes, esto es, con los mismos derechos y deberes.)

Los padres del primer ejemplo olvidan sus necesidades, se dejan llevar por el nerviosismo y la inseguridad en lo que requiere de ellos la situación del momento. Todo esto se refleja en el pequeño, que a su vez se agita y, por consiguiente, no se deja tranquilizar tan fácilmente. Ello se debe a la extraordinaria capacidad que tienen los niños de «empatizar» con las emociones y los estados de ánimo de los padres, y percibirlos instintivamente. Esta capacidad permanece intacta veinticuatro horas de veinticuatro, incluso a una distancia considerable. Permite a los hijos colaborar con los padres, pero cuando estos se sienten especialmente inseguros, temerosos o frustrados, los niños no saben cómo llevar a la práctica esta labor conjunta. Mamá y papá, efectivamente, envían señales demasiado contradictorias. Este fenómeno es la causa más general de la dificultad que experimentan los padres para poner a dormir a sus hijos de 1 año y medio a 3, poder confiarlos a personas extrañas o disponer de tiempo para cultivar sus propios intereses.

Cómo comportarse con niños de 1 a 5 años

Pasados los primeros dieciocho meses, la mayoría de los niños pueden andar ya sin ninguna ayuda y han adquirido competencias lingüísticas notables. Comprenden buena parte de lo que dicen los padres y comienzan gradualmente a tomar parte activa en la conversación. Los padres, durante este tiempo, han desarrollado una cierta sensibilidad a la personalidad individual del hijo y a la vez han aprendido también algo de sí mismos, como personas y como padres. De ahora en adelante, tienen la posibilidad de mostrarse como individuos y de esta forma comunicar al hijo que son algo más que entes dedicados a su cuidado y servicio. Si no aprovechan esta ocasión, los hijos continuarán esperando de ellos la asistencia global, la única forma de amor que, se supone, han podido conocer hasta ese momento. El resultado será la frustración en ambas partes. Estar al servicio de alguien y amarlo son dos cosas distintas, por lo que el niño comienza a «enfriarse», aunque continúa exigiendo cada vez más de esa situación falsa. Los padres sentirán frustración, formalmente ahogados por el rol de prestadores de servicios, y serán incapaces de tener sus propias satisfacciones o dárselas a la pareja. Cuando sucede esto, los hijos están destinados a llevar una vida en muchos aspectos parecida a la de los retoños de las clases sociales altas, que solo llegan a estar con sus padres cuando a estos les va bien; en caso contrario, dependen de niñeras y otro personal. Aprenden a interactuar solo con personas que están a su servicio y que posponen sus deseos y necesidades. Por ello esos niños se sienten a menudo solos e infelices y tienden a aprovecharse de los demás.

En los países nórdicos se está difundiendo un fenómeno similar porque, a partir ya del primer año de vida, los niños son confiados durante cada vez más horas del día a instituciones pedagógicas.

Los pedagogos son, en líneas generales, personas sumamente capaces y competentes, pero hay que recordar que están con los niños por motivos profesionales, por lo que ya de por sí asumen el rol de quien presta un determinado servicio. Esto priva al niño de la posibilidad de aprender a convivir con personas «de verdad», de carne y hueso, porque dentro de las instituciones los límites individuales y las necesidades del personal asistente se sustituyen en gran parte por acuerdos y reglas. Cuando los padres consideran a esos educadores modelos de conducta en virtud de su competencia específica, se diluye la distinción entre institución y familia, entre padres y personal especializado, entre pedagogía y educación. Esto impide a menudo que los niños experimenten relaciones verdaderamente paritarias, motivo por el que aumenta su exigencia de otro tipo de sociabilidad con los padres. Si estos intentan imitar a los pedagogos con la intención de que sus hijos les permitan disponer de *quality time*, la necesidad en estos últimos de tomar parte activa en las relaciones personales directas queda insatisfecha, con lo que aumenta la de estímulos externos y entretenimiento.

El único medio de combatir esa tendencia es la voluntad de los padres de ser tan auténticos como les sea posible. Esto les da mayor margen para mostrarse adultos, y sus hijos adquieren maneras de desarrollar sensibilidad para los límites y las necesidades de los demás, un componente esencial de su competencia social.

Los niños pequeños traspasan con frecuencia los límites que les imponen los padres, pero no por falta de respeto o de tacto. Se sienten impulsados por sus deseos y necesidades y dedican al mismo tiempo inmensa atención a las señales y respuestas que reciben. Su comportamiento sirve a un doble objetivo: satisfacer sus propias necesidades y aprender a conocer a los padres. Quieren entender qué es lo que resulta agradable a sus padres y qué no, qué aprueban y qué rechazan, en qué confían y qué les repugna. En el transcurso de los próximos tres o cuatro años, las respuestas a estas preguntas se imprimen lenta y profundamente en su ánimo, hasta que los pequeños interiorizan la manera de ver de los padres, lo que es correcto y lo que no, lo que está bien y lo que está mal y, en consecuencia, la concepción moral de los padres.

Este proceso de aprendizaje exige, ante todo, claridad y constantes repeticiones. Las respuestas y las reacciones de los padres deben ser lo más claras posible. Además, padres y madres deben revestirse de paciencia y esperar a que lo aprendido se fije en la conciencia de los hijos. Esto puede exigir unos pocos días o unos cuantos años. Cuanto más reprochamos a nuestros hijos o los criticamos, más retardamos este proceso.

Con los adultos sucede lo mismo: cuanto más tensa y negativa es la atmósfera de un ambiente de aprendizaje, más incapaces y estúpidos nos sentimos y, por consiguiente, más tiempo necesitamos para aprender algo nuevo, si es que en realidad lo conseguimos.

Desde este punto de vista, los niños son más investigadores que alumnos. Deben experimentar y sacar de lo experimentado sus propias conclusiones. Para ello, requieren simplemente la confianza y el amoroso sostén de sus padres. La alternativa es la violencia física y psíquica, que impide que los niños respeten a sus padres, así como los límites y las exigencias personales de estos. Solo aprenden a dudar de sí mismos y a temer la autoridad y el castigo.

Si un niñito de 2 años os hace caer por tercera vez las gafas que llevabais puestas, podéis decirle con amabilidad pero también con un tono claro y decidido:

«¡No, que no quiero!»

O bien:

«Ya veo que te gustan mis gafas, ¡pero no quiero que hagas esto!»

Y os ponéis de nuevo las gafas.

Si vuestra hijita de 4 años interrumpe continuamente la conversación durante la comida, podéis decirle:

«Quiero terminar de hablar con mamá; luego podremos hablar tú y yo.»

Son declaraciones claras y personales, que incitan mucho más eficazmente a los niños a colaborar que las fórmulas pedagógicas impersonales de tiempos pasados:

«Con las gafas no se juega. Son demasiado caras.»

O bien:

«A las personas mayores no se las interrumpe.»

O bien:

«Mamá no quiere que juegues con sus gafas.»

O bien:

«Papá quiere hablar primero con mamá.»

Quien habla de sí mismo en tercera persona tiene una fuerza de persuasión mínima. Imaginémonos que los adultos habláramos así entre nosotros: «Debes esperar un momento. Tomás ahora no tiene tiempo para ti». Con un sistema parecido toda comunicación estaría destinada al fracaso.

Cuando los niños atraviesan esa fase erróneamente definida como la «de los caprichos», muchos padres se sienten obligados a mantenerse a la defensiva, obligados a decir *no* con mucha más frecuencia de lo que quisieran. Es el resultado de una combinación de dos factores: la cada vez mayor autonomía de los hijos y la necesaria reacción a su actuación (*feedback*).

A partir, más o menos, del segundo año de vida, los niños se hacen más autónomos y por tanto menos dependientes de nosotros, hecho que debería alegrar a los padres, que vuelven poco a poco a disponer de más tiempo para ellos. Los hijos ya saben moverse libremente, comunican cada vez mejor y dan vía libre a sus impulsos exploradores. Todo debe ser analizado, comprobado y explicado. A esa edad, además, los pequeños insisten en querer hacer solos muchas cosas, aunque no sean todavía del todo capaces de hacerlas. En esta fase tienen dos exigencias fundamentales.

Por una parte, necesitan un feedback *a su constante proceso de exploración y comprobación de la realidad, que incluye los límites y los valores individuales impuestos por los padres. Por otra parte, y por eso mismo, es también necesario una y otra vez decir* no *a las mismas cosas. Cuanto más se expresen los padres con personalidad y firmeza, más rápidamente sacan los pequeños exploradores sus propias conclusiones.*

«No, hoy no pienso comprarte "chuches".»

«No quiero que ahora saques las ollas del armario.»

«No, hoy no puedes quedarte levantada más tiempo. He tenido un día muy pesado y ahora quiero descansar.»

«Tengo ganas de saber qué ha pasado en el colegio, pero me lo contarás luego. Primero quiero saludar a papá y hablar un poco con él.»

Cuanto más crítico, reprobatorio, admonitorio o defensivo sea el tono del *feedback* del adulto, más deberán esforzarse los pequeños exploradores en obtener respuestas que los dejen satisfechos.

«Oye, tesoro. Ya hemos hablado de que no puedes comer dulces cada día. Si te portas así, no voy a llevarte más a hacer la compra conmigo.»

«¿Y quién pondrá luego en su sitio las cacerolas?»

«Si no vas a la cama cuando toca, mañana te sentirás cansada para ir a la guardería. Ya lo hemos hablado muchas veces.»

«Óyeme, cariño, mamá tiene muchas ganas de saber qué has hecho hoy en el colegio, pero ¿puedes esperar un poco hasta que tenga un momento para ti?»

El otro aspecto de su desarrollo –el deseo de una mayor independencia y autonomía– debe ser correspondido con una aprobación y un apoyo incondicionales. Si los niños quieren llevar a cabo ellos solos acciones que todavía no son capaces de hacer, se les puede decir: «¡Está bien! Pero no sé si sabrás hacerlo solo. Dímelo tranquilamente, si necesitas ayuda». Liberar al niño de ese trabajo puede parecer en aquel momento un ahorro de tiempo, pero a largo plazo se revela una pérdida del mismo y exige de los padres bastantes más energías y más atención.

Lo mejor que pueden hacer los padres para sí y para su hijito de 2 años es considerar su desarrollo como un don que, en el transcurso del año y medio siguiente, les va a suponer más tiempo y mayor libertad. Si se tiene presente esto, los abundantes *noes* poco agradables que se tendrán que decir serán menos difíciles.

Esta fase del desarrollo infantil se parece en algunos aspectos a la pubertad. Para el niño representa la primera oportunidad de conquistar su propio espacio y construir una relación más activa y recíproca con los padres, fundada en una base del todo distinta a la del primer par de años. Asegurar a un bebé todo el cuidado que requiere proporciona una profunda sensación de felicidad porque hace saber a los padres de una forma sumamente concreta lo importantes y valiosos que son. Pero de ahora en adelante va a ser también decisivo hacer saber al niño lo valioso que es para la comunidad. Pero esto quiere decir también que los padres han de encontrar nuevas maneras de sentirse valiosos.

Debemos reconocer que tenemos hijos porque con ello perseguimos nuestro propio interés. Somos nosotros los que damos algo, los que queremos a alguien y queremos cuidarlo, y en nuestra imaginación comenzamos a hacerlo antes incluso de que nuestros hijos vean la luz del mundo. Nada que decir en contra. Pero esto significa también que, con relación a la personalidad y las exigencias de nuestros hijos reales, debemos encontrar un amoroso equilibrio entre el interés de uno mismo y la apertura hacia el otro. No todo lo que hace que los padres se sientan útiles (amorosos, previsores) consigue transmitir también a los hijos la sensación de que son valiosos para los padres. Esta vivencia la sienten solo cuando los padres aceptan y aprecian visiblemente lo que los hijos pueden dar: y esto es, realmente, lo que fortalece la autoestima de nuestros hijos. El mundo está lleno de padres tan centrados en sí mismos que creen que sus hijos son unos desagradecidos.

Encontrar un lenguaje personal y auténtico

Además de la palabra, tienen también una importancia decisiva la entonación y el lenguaje corporal. Esos tres elementos deben estar en armonía entre sí, si se quiere que la comunicación tenga éxito. Quien habla debe tener la impresión de haberse expresado de forma adecuada y haber causado alguna impresión en su interlocutor. Las palabras y su «música» son dos aspectos de lo mismo.

Cuando hablamos a un bebé debemos esforzarnos en mantener una expresión cordial y un tono claro y afectuoso. Lo que decimos es secundario. A partir de cerca de los 6 meses de vida va siendo cada vez más importante usar un lenguaje y un tono más matizados. Ya no basta con que el bebé se sienta bien aceptado, querido y protegido. Ahora es tiempo de ir conociendo las emociones, los estados de ánimo y los pensamientos de los padres y de apropiarse poco a poco de su lenguaje. Ya ha conocido todo un registro de estados de ánimo y emociones, pero no ha podido desarrollar todavía ninguna sensibilidad para comprender sus causas y sus relaciones.

En los últimos cuarenta años padres y pedagogos se han esforzado en simplificar su lenguaje para que también puedan comprenderlo los niños. En general, nos esforzamos en decir frases cortas y en usar un vocabulario simple. Tener en cuenta la competencia lingüística del niño es de por sí una buena idea, si de lo que se trata es de transmitirle determinadas capacidades motoras o intelectuales. Pero falla su objetivo cuando se quiere construir una relación estrecha fundada en la sensación de seguridad y respeto, base de lo que llamamos educación. Algunos padres eligen un lenguaje que no puede ser menos natural:

«Sabes bien que papá no quiere que juegues con su ordenador. Cuando tengas uno, papá te enseñará cómo se usa.»

(Este es el modelo «pedagógico», de tono apelativo, que tiene en cuenta la importancia de expresarse de un modo «positivo».)

«¡Me pregunto cuántas veces habré de repetirlo! ¡Sabes muy bien que papá no quiere verte jugar con su ordenador!»

(Este es el padre severo que quiere demostrar que lo que dice «va en serio».)

En estos ejemplos los padres se dirigen a los niños tal como imaginan que un padre debe hablarle al hijo. Pero, a los oídos de quien escucha, no suenan como personas auténticas, lo cual arrastra tras de sí toda una serie de conflictos y frustraciones en ambas partes. Y esto pasa porque dentro de la familia los padres adoptan un tono estudiado y artificial, como si recitaran un papel: los adultos juegan a ser padres y los hijos imitan su comportamiento infantil. Los componentes de la familia no son auténticos, sino que simulan una idea abstracta de familia.

Es decir, si adoptamos un llamado lenguaje de tono infantil, disminuimos la eficacia de nuestros mensajes, puesto que no producen en los hijos la impresión que deberían. El lenguaje no va a la par con los sentimientos, y es precisamente la combinación de música auténtica y de palabras adecuadas (subjetivamente percibidas como tales) lo que da a los demás la posibilidad de entender quiénes somos.

Casi diariamente veo a padres descontentos o frustrados porque comprueban que los hijos no «los escuchan», no «colaboran» o no «entienden» lo que ellos quieren comunicarles.

«¡Si supiera cuántas veces se lo hemos repetido!», oigo que me dicen siempre en estas entrevistas. A los hijos se los describe como reacios, reticentes e indiferentes. Excepciones aparte, su conducta cambia tan pronto como consiguen los padres dar con las palabras adecuadas y dar a sus sentimientos una expresión convincente. Esto vale en principio para todos los conflictos familiares, grandes y pequeños, pero sobre todo cuando entran en escena hechos dramáticos con fuerte impacto emocional, como son los divorcios, las enfermedades o los fallecimientos.

Hay una diferencia enorme entre las siguientes afirmaciones:

«Mamá se enfada si no arreglas la habitación.»

(Expresado, según los casos, con un tono de reprimenda, imperativo o «pedagógico».)

O bien:

«¡Ahora quiero que arregles tu habitación!»

(Dicho con manifiesta irritación en el tono de voz.)

«¿Por qué tu habitación debe parecer siempre una pocilga?»

O bien:

«Me gustaría que arreglaras tu habitación. ¿Lo vas a hacer?»

«¿No podrías, por una sola vez, dejar de hacer tanto ruido?»

O bien:

«Estoy cansada y quiero descansar un poco, ¿Podrías dejarme tranquila media horita?»

No se trata de encontrar el modo más elegante de formular el concepto, sino de expresarnos de un modo personal. Debemos comunicarnos con cordialidad y equilibrio cuando nos hallamos entre personas que no pertenecen a nuestro ambiente familiar, por ejemplo en el trabajo. En esos casos recurrimos al «lenguaje social», ideal para mantener una cierta distancia y no influir emocionalmente en el interlocutor. Con todo, un lenguaje así no resulta en absoluto adecuado para instaurar un contacto personal intenso entre individuos. Nos damos cuenta de ello claramente cuando discutimos con los hijos o con la pareja. En ese caso no utilizamos un «buen» lenguaje impersonal, sino que algunas veces comenzamos a usar expresiones «desagradables» y a hablar del otro en lugar de articular nuestros propios pensamientos y sentimientos.

Esta distinción es de fundamental importancia. Cuando hablamos de nosotros mismos no ofendemos o herimos al otro, cosa que en cambio hacemos casi siempre cuando tendemos a hablar de los demás. Esto es así porque nos empeñamos más en definir al prójimo que en interesarnos los unos por los otros. No obstante, a nadie, niño o adulto, le gusta dejarse definir por los demás. Naturalmente, puede ser halagador que nos elogien o dejen en buen lugar, pero eso es solo la mejor opción.

Cuando hablamos de nosotros mismos a menudo producimos una reacción en el otro que nos escucha, que puede sorprenderse, entristecerse, quedar pensativo o sentirse frustrado, pero no traspasamos nunca sus límites personales ni herimos su dignidad personal. Podemos influir emocionalmente en nuestro interlocutor –este es precisamente el objetivo de nuestras palabras–, pero nunca puede sentirse ofendido por ello.

Dentro de la familia tenemos experiencia de que no se usa el lenguaje social; y así empezamos a discutir y a usar expresiones «desagradables». Entre adultos y niños está a menudo el problema de que los primeros no consiguen –o no piensan en– expresar con un lenguaje claro y personal sus propios límites, necesidades y deseos. Habría que decir cosas como las que siguen:

«Me gustaría que arreglaras tu habitación, después de prepararte el bocadillo.»

Y no:

«¿Crees que no tengo nada mejor que hacer que poner en su sitio todo lo que vas dejando por ahí?»

Y tampoco:

«No creo exagerar cuando te pido que me ayudes a tener las cosas en orden. ¡No tengo ganas de ser tu criada continuamente!»

Otras alternativas:

«Oye, tendríamos que ponernos de acuerdo sobre tu bolsa de deportes. De ahora en adelante tú te ocupas de vaciarla y pones todo en la cesta de la ropa sucia.»

Pero no:

«Otra vez tengo yo que vaciar tu bolsa de deportes, aunque te tengo dicho cien veces que no es asunto mío. ¿Qué va a pensar de tus padres la maestra si siempre vas dejando las cosas tiradas por ahí?»

Y tampoco:

«¡Tus cosas de la bolsa de deportes están encima de la mesa, jovencito! ¿Qué harías si no estuviera yo para recordarte lo que hay que hacer?»

Tampoco:

«¿No podrías ocuparte un poco de tus cosas? No te

pedimos demasiado, por cierto, solo que no dejes todo por ahí.»

Al referirse a situaciones parecidas, y hablando con los pedagogos, los padres tratan casi siempre a los hijos con un tono condescendiente u ofensivo. «Lo hemos probado antes por las buenas», afirman, revelando de esta manera que el primer intento de comunicar con el hijo fue simplemente teatro. Pero no tienen conciencia de ello, demasiado empeñados como están en hacer todo «de la forma debida». Los hijos, al contrario, se sienten tristes y heridos y pronto o tarde pagarán a sus padres con la misma moneda.

Si no nos expresamos con naturalidad es como si habláramos, por así decir, «dos idiomas». Nuestras palabras dicen una cosa, y su tono otra distinta. Los niños más pequeños se quedan confundidos y no saben cuál es el mensaje que hay que tomar en serio; en cualquier caso, se quedan sobre todo con lo que no se ha expresado.

«Tú ya sabes que mamá se disgusta mucho cuando no respetas los acuerdos que hemos tomado juntos. Realmente, siempre te lo pido con la mayor amabilidad que puedo, pero en cualquier momento dejaré de saber si puedo confiar todavía en ti.»

(Es lo que dijo una madre enfadada porque el hijo, a pesar de habérselo prometido, no había devuelto los juguetes a su habitación.)

Los niños mayores y los adolescentes con mucha frecuencia dejan de prestarnos atención. En general lo hacen porque lo que les decimos no vale la pena oírlo. Los adultos codifican sus mensajes personales y a los jóvenes no les apetece descifrarlos. En consecuencia, o reaccionan solo al contenido de lo que se les dice ignorando el tono, o a la inversa. Para invitarlos a que expliquen su silencio y lo que a los padres parece un comportamiento displicente, normalmente se les dice: «¿No puedes decirme sin más qué es lo que quieres?». O bien: «¿Por qué no me dices exactamente lo que piensas? No me da la gana tener que adivinar cada vez qué estás pensando».

En nuestra cultura, por lo general, no nos consideramos responsable de la «música», cuando nos comunicamos unos con otros. Cuentan solo las palabras. Sin embargo, en la familia debemos aceptar la responsabilidad del mensaje completo, aunque pueda parecer contradictorio y poco claro. En las relaciones cercanas es sobre todo la primera impresión la que importa, y cuanto más se la disimula con formulaciones hechas con tono de reproche, de apelación o evasión, menos recibimos lo que verdaderamente necesitamos: cercanía, reconocimiento y empatía.

Algunos padres no se atreven a decir: «Quiero...», o bien: «¡No!». Consideran de mala educación y arrogante expresarse de forma tan rotunda y prefieren formulaciones más discretas y conciliadoras. Pero no hay nada que objetar si los padres han ido afirmando con toda claridad su liderazgo y sus límites personales para que los hijos no tengan ninguna duda al respecto. Solo a partir de ahí se puede adoptar una manera de expresarse más velada y menos directa:

«Creo que no deberías haberlo hecho.»
«No me parece una buena idea.»
«Ahora ya hay bastante.»

Muchos padres frustrados por su falta de fuerza persuasiva y de autoridad ante los hijos se sienten igualmente descorazonados en la relación con los demás adultos. Tanto si se trata de la pareja como de los padres o de los suegros, de superiores o de colegas, perciben esta falta de respeto y de comprensión, y se sienten utilizados, ofendidos e ignorados. Pero tener hijos es eso. Hurgan sin querer en nuestros puntos débiles y nos ayudan de esta forma a convertirnos en verdaderos adultos.

Algunos padres pierden también parte de su autoridad personal porque están convencidos de que los hijos deben crecer en un paraíso democrático, sin conflictos ni disonancias de ninguna clase. Una idea muy simpática en muchos aspectos, pero que termina casi siempre en desarmonía, porque la vida en familia no es una organización política. No se trata de quién vence, sino de que todos reciban tanto como sea posible de lo necesario y, de lo nocivo, el mínimo posible. La familia paradisíaca exige que todos atribuyan más valor a la armonía que a los límites y a las necesidades personales.

Cuanto más consigáis armonizar con vuestra personalidad las palabras que escogéis, más crecerá la confianza en vosotros mismos y el respeto y la comprensión en el ambiente que os rodea; de igual manera, vuestros hijos serán más colaboradores y vivirán menos aislados, con menos conflictos, menos estrés y menos frustraciones.

Seguramente notaréis también que aquellos que hasta ese momento se han aprovechado de vuestras debilidades reaccionan con sorpresa e irritación. Un individuo que no es capaz de definir sus propios límites es como un huerto sin vallado de protección, del que cada cual puede servirse cuando y como crea oportuno.

La elección de las palabras, en la comunicación con los niños que buscan en exceso la armonía y que suenan incluso demasiado edulcoradas, tiene un origen plausible, pero es también la lógica reacción al lenguaje educativo tradicional, a menudo ofensivo y humillante, o hasta violento. Pero el lenguaje del amor no es ni positivo ni negativo: es personal.

La diferencia entre un deseo y una necesidad

Es tarea principal de los padres satisfacer las necesidades fundamentales que los hijos tienen de proximidad, seguridad, cuidado, alimentación, vestido y descanso. Aparte de esto, los padres pueden, por descontado, satisfacer los deseos momentáneos de sus hijos.

Los niños al principio no distinguen aún entre lo que verdaderamente necesitan y lo que simplemente desean. Precisamente por esto los padres deben tener muy clara la distinción entre ambas cosas. Persiste todavía en nosotros algo de la pobreza y de la educación autoritaria propia de las generaciones anteriores, pero también está profundamente anclado en nuestra conciencia el anhelo universal del niño de hacer y recibir exactamente lo que quiere en un momento determinado. Así se explica, por lo menos en parte, la creciente tendencia en muchos padres a estar pendientes en su conducta de los antojos y caprichos pasajeros de los hijos.

A los niños no se les malcría dándoles «más» de lo que realmente necesitan. Niños malcriados son aquellos que no saben aceptar un no*, los convencidos de que sus deseos inmediatos han de ser complacidos siempre y al instante; son niños exigentes y estresantes. Pero son así solo aquellos a los que se* *les da en exceso lo que no les conviene y sobre todo por motivos equivocados.*

En la sociedad de lo superfluo en la que vivimos esto exige de los padres una gran capacidad de integridad y moral. Los hijos piden con todo el candor si pueden tener exactamente aquello que desean en ese momento, por lo que a los padres incumbe sopesarlo con cuidado. La pregunta fundamental que hay que plantearse es: ¿puedo satisfacer el deseo de mi hijo con toda tranquilidad, sin esperar ningún tipo de contrapartida?

Si la respuesta es afirmativa, entran en juego los aspectos morales, políticos y religiosos, que a su vez deben estar en correspondencia con las convicciones fundamentales de la persona. Veamos el siguiente ejemplo.

Muchos niños poseen una enorme cantidad de juguetes. Pero es un hecho contrastable que los niños no necesitan en realidad juguetes; les sirve simplemente cualquier cosa para jugar. El juguete, por consiguiente, es algo que desean porque, al haberlo visto en casa de un amiguito o en la tienda, se imaginan lo bonito que sería tenerlo en casa y utilizarlo. Esto, naturalmente, no significa que deban juzgarse a priori superfluos e inútiles todos los juguetes, sino simplemente que en esta materia los padres deben tomar algunas decisiones importantes.

A los padres modernos, crecidos también ellos en la sociedad de lo superfluo y que ponen en práctica con satisfacción y orgullo su mentalidad consumista, no se les plantea ningún problema en este aspecto. Satisfacen de buena gana y sin pensarlo dos veces los deseos de los hijos. En este caso no hay que temer ningún tipo de daño para los hijos o para su relación con los padres.

Sin embargo, a lo mejor los padres se esfuerzan en mantener reflexiones políticas, morales o éticas, comparando a los niños europeos, hijos del bienestar, con los niños del Tercer Mundo. Quizás algunos piensan que sus hijos mayores deben aportar también una cierta contribución económica a su propio mantenimiento, para aprender a reconocer el valor del dinero, o tienen opiniones distintas sobre el papel que los juguetes han de representar para sus hijos. Estas valoraciones pueden tener, entre sus diversas consecuencias, la de limitar la cantidad de juguetes y tampoco esto supondría un daño ni en los mismos hijos ni en su relación con sus padres.

Más o menos lo mismo podemos decir de los deseos inmediatos de niños y adolescentes en general. Cuando toca comer algo, es posible que se les antoje hamburguesa y patatas fritas, pero los responsables de su alimentación son los padres. Es posible pasar una larga infancia sin poner nunca los pies en un McDonald's o en cualquier otro *fastfood*, y por lo menos en los diez primeros años de vida del hijo los padres tienen la posibilidad de ejercer esa responsabilidad de acuerdo con sus propios valores personales.

—Mamá, ¿podemos ir hoy al McDonald's?

—No, no quiero.

—¿Pero por qué no?

—Porque no quiero gastar mi dinero en una comida de tan poca calidad.

—Pero Laura y Michi van siempre al McDonald's con sus padres.

—Porque son de otra opinión, distinta de la mía.

—¿Y no puedes cambiarla?

—Sí, seguro, pero no quiero.

—Eres una madre rara.

—Sí, eso es lo que te parece, pero debes resignarte.

—Pero no entiendo que los demás niños vayan y yo no.

—Sí, entiendo que tengas ganas de ir, pero para hacerlo tendrás que esperar a poder decidir por ti misma. No me apetece en absoluto acompañarte.

—¡Pues me enfado contigo!

—Perfecto, pero espero que se te pase pronto.

El encuentro ha concluido sin que nadie haya perdido su dignidad o su integridad.

Otro ejemplo. Cuando los hijos deben comprarse alguna prenda de vestir se interesan con frecuencia por las cosas que están más de moda:

—Mamá, ya que tengo que comprarme unos vaqueros, ¿compramos los de la marca XY? Están de oferta y casi todas mis amigas los llevan.

—¿Cuánto cuestan?

—Normalmente 140 euros, pero ahora los venden a 120. Es una ocasión, mamá, y pasará mucho tiempo antes de que vuelvan a estar tan baratos.

—Ya, pues a mí 120 euros me parecen todavía muchísimo, Sarah. No tenemos tanto dinero como para permitirnos esos gastos.

—Uf, ¡siempre dices lo mismo! ¿Y cómo lo hacen los demás? ¿Tan pobres somos?

—No, no somos pobres, pero sencillamente no tenemos tanto dinero como para comprarnos la ropa que más nos gusta... ¡Aunque estaría muy bien, cómo no!

—¿Y si las demás se ríen porque soy la única que no tengo los vaqueros XY?

—Entiendo que quieras llevar los vaqueros que están más de moda, y naturalmente me interesa mucho que tus amigas no se rían de ti porque no los llevas. Pero podemos ir las dos al centro comercial y buscar unos que no sean demasiado caros y que sean también modernos. Podrías llamar por teléfono a Alexandra para que te ayudara a escoger. En realidad es tu mejor amiga y a menudo tiene ideas muy buenas.

—¿Y si se lo pido al abuelo? A lo mejor me compra los buenos.

—Puedes hacerlo. No tengo nada contra los vaqueros XY, y me gustaría complacerte, pero por desgracia no me es posible.

—¡Bien! ¿Le puedo decir que ha sido idea tuya?

—Eso sí que no. Ha sido idea tuya y debes asumir tu responsabilidad.

Una prueba más de que el adulto puede decir *no* –en este caso incluso a dos deseos distintos– sin que se ofenda una de las partes o se resienta la relación entre madre e hija. El ejemplo del McDonald's se refería al conflicto entre las convicciones básicas de la madre y el deseo de la hija; el segundo, a las ganas de cosas materiales. De una manera más o menos directa planteaba también un tema que a menudo juega un papel importante en la conciencia de ambas partes: la necesidad de pertenecer a un determinado grupo y el temor de verse uno excluido. Esta necesidad puede desencadenar tanto el deseo de conformidad como el de una mayor individualidad.

Quizá podríais intentar leer de nuevo ambos diálogos y reflexionar sobre qué podríais haber dicho vosotros.

La cuestión fundamental es qué peso debe atribuirse al temor del niño a quedar excluido del grupo. En esto es preciso hacer distinciones.

Si el hijo se limita a recordar que «todos los demás» tienen ya los vaqueros deseados, creo por experiencia propia que no debe atribuirse al problema demasiada importancia.

Pero si el hijo, haciendo frente a la cuestión, está a punto de romper a llorar y no consigue articular palabra, entonces podría haber un problema serio de fondo, que padres e hijos han de afrontar juntos a la primera ocasión que se tercie. Si, en general, el hijo está obsesionado por los requerimientos y las expectativas de quienes lo rodean y le es difícil definirse, los padres deben ayudarlo a encontrar un sano equilibrio entre individualidad y conformidad. Aprovechando la oportunidad, los adultos podrían reconsiderar también sus convicciones de base para evitar crearse, por ejemplo, excesivas expectativas respecto a la personalidad del hijo.

Si la presión del grupo se percibe realmente extraordinaria, uno de los padres puede intentar dialogar con el resto de niños que componen el grupo, por ejemplo cuando vayan a casa a buscar al hijo, tanto para hacerse una idea más exacta de las relaciones que rigen entre ellos como también para hacerles entender las consecuencias que ese comportamiento puede tener en ellos y en los demás. ¡Habladles de un modo directo y cordial, sin pretender dar lecciones! Por ejemplo:

—Oídme un momento, chicas. Sarah y yo hemos discutido sobre qué marca de jeans hay que comprar, y evidentemente ella prefiere los XY. El problema, para nosotros, es que no podemos permitirnos una marca tan cara y ahora ella teme que os podáis reír de ella o la ridiculicéis viendo que lleva otra marca. ¿Es posible que esto sea así?

—Bien. Entre nosotros no hay nada que temer, pero puede ser que mucha gente haga comentarios extraños, si una no lleva los vaqueros de moda.

—¿Y esto os gustaría?

—¡Y qué podemos hacer! Lo que importa es cómo reacciona uno. A veces no es nada fácil, sobre todo si se ha tenido un mal día.

—Sí, lo entiendo. En todo caso, espero que os ayudéis entre vosotras, en vez de haceros presión unas a otras.

Comunicar con los niños poniéndose a igual nivel produce en ellos un efecto enorme, sin duda mucho mayor que el que pudiera obtenerse con una perorata moral. No exageréis, por tanto, la situación si os dirigís a los amigos de vuestro hijo en defensa de sus intereses. En caso contrario, para él solo será humillante y aumentará la probabilidad de que se convierta en objeto de burla.

Algunos padres tienen también convicciones ideológicas que influyen en su *sí* o su *no* a determinadas cuestiones. Al respecto valen dos reglas fundamentales:

Los padres hacen bien si dan ante todo prioridad a sus convicciones ideológicas cuando un hijo desea algo que las contradice. Si, por ejemplo, vuestro hijo os pide comprar una pistola de juguete y sois vosotros unos pacifistas convencidos, decidle claramente que no estáis para darle el gusto en eso. Pero conviene hablar más tarde sobre los motivos que os han llevado a tomar tal decisión.

Hasta la pubertad, los padres pueden motivar sus decisiones también desde un punto de vista ideológico. Pero luego será necesario dejar un margen más amplio a las convicciones propias del muchacho. A lo largo de toda su vida ha ido conociendo los puntos de vista de los padres; ha llegado el momento de poder formular los propios.

¿Deben los padres satisfacer siempre los deseos de sus hijos?

La pregunta «¿Qué te apetece?» o «¿De qué tienes ganas?» es parte de la herencia de mi generación, y a ella deben hacer frente los padres de hoy. En los años setenta considerábamos la libertad de concedernos lo que más nos gustaba como una recompensa por todas las obligaciones que nos imponía la época. En sustancia era solo la tentativa de garantizar al individuo más espacio en el ámbito de la comunidad: una propuesta justificada, habida cuenta de que en la cosa pública nos encontrábamos en la fase contestataria (que podríamos considerar paralela a la «fase de los caprichos» de los niños). Preguntarnos los unos a los otros qué nos apetecía simbolizaba, en el plano lingüístico, el rechazo total por parte nuestra al sometimiento de los deseos y de las necesidades personales.

Desde aquellos tiempos, en que todo se valoraba en un contexto político, la cultura europea ha ido cambiando hasta llegar a un punto en que todo se encuentra en un contexto psicológico. No obstante, la voluntad general de no querer someter ni a niños ni a adultos se ha mantenido y forma ya parte del sistema compartido de valores. Conscientes de vivir en la sociedad de lo superfluo en el aspecto material, nos abandonamos a la ilusión de tener en cada momento lo que más deseamos. En otras palabras: si puedo hacer y tener todo lo que quiero, mi vida es fantástica.

Pero ¿realmente es así? La experiencia nos enseña que son otros los factores que nos transmiten la sensación de vivir una vida buena. Entre otros, parece que la capacidad de plantearse objetivos y conseguir alcanzarlos, por lo menos en parte, juega en eso un papel importante. Lo mismo puede decirse de la libertad de tener sueños y poder realizarlos. Ambas cosas nos obligan a llevar a cabo acciones y a afrontar procesos que no son muy de nuestro agrado, porque suelen ser frustrantes y dolorosos. Y esto vale tanto para nuestra experiencia personal individual como para la necesidad que sentimos de contribuir, de forma constructiva, en el ámbito de la comunidad.

La costumbre actual en los padres de preguntar casi continuamente al hijo qué es lo que le apetece, regulando su comportamiento de acuerdo con la respuesta, crea en ellos la voluntad de otorgar a las exigencias y a los sentimientos del hijo un lugar preponderante dentro de la familia. Ya he tratado con profundidad de esta problemática en otros contextos (por ejemplo, en *Los valores para la familia hoy*), por lo que me limito ahora a las observaciones que siguen.

Los niños no son realmente conscientes de lo que necesitan; en cambio, saben casi siempre exactamente lo que desean. Por esto es preciso que los padres les enseñen a distinguir entre una y otra cosa y a entender cuándo es el momento de dar satisfacción a una o a otra.

Si los padres dan siempre prioridad a los deseos momentáneos de los hijos, no hacen sino cargar sobre ellos la responsabilidad del bienestar de toda la familia. Si se actúa así durante varios años, es posible que los hijos no desarrollen correctamente la capacidad de la empatía y de la vida en común, con lo que sufre también la relación entre padres e hijos.

Dar a los hijos lo que desean en un momento determinado no les causa ningún daño mientras los padres no busquen con este comportamiento evitar conflictos, hacerse querer por ellos o bien suprimir sus exigencias y límites propios.

Con la desaparición de la familia autoritaria ha cambiado notablemente el estatus de los hijos. Antes solo eran objetos sometidos a la voluntad del adulto; ahora disfrutan, en muchos aspectos, de una libertad que ha conseguido desarrollarse muy rápidamente. Hoy tienen la posibilidad de tomar decisiones trascendentes para su vida y eso les plantea elevadas exigencias de discernimiento y responsabilidad individual. Una evolución positiva de por sí, pero que implica también que los niños han de tener la posibilidad de desarrollar correctamente su capacidad de decidir. Para decirlo brevemente, los hijos deben descubrir lo que verdaderamente quieren, aunque haga apenas una generación que estaban totalmente sometidos a la voluntad de los padres.

Por esto quisiera proponer tanto a los padres como a los pedagogos que sustituyan, en la mayoría de los casos, la pregunta «¿De qué tienes ganas?» (incluso cuando estéis a punto de comprar un helado) por «¿Qué quieres?», «¿Qué prefieres?» o «¿Qué te gustaría más?».

Los niños más pequeños durante un tiempo contestarán de forma automática, señalando lo que quieren o lo que no quieren, pero poco a poco aprenderán a distinguir.

—¿Cuándo piensas hacer hoy los deberes?

—No tengo ganas.

—Vale. Ya sé que no tienes ganas de hacerlos. Pero ahora quisiera saber qué es lo que quieres hacer.

—Ya te lo he dicho.

—No, me has dicho lo que no tenías ganas de hacer. Y he entendido que no tenías ganas de hacer los deberes, pero ¿quieres hacerlos a pesar de todo?

—Debo hacerlos.

—Sí, me parece que sí.

—Uf... ¡Pero no tengo ganas!

—Lo entiendo perfectamente. Pero uno también puede hacer cosas que no tiene ganas de hacer.

De este modo las pocas ganas del niño se toman en serio y no se critican, y al mismo tiempo se le ofrece la posibilidad de entender la diferencia entre tener ganas y querer. Esto le aprovechará más tarde, cuando hacia los 10-11 años –por ejemplo navegando por Internet– deba tomar decisiones más importantes. Entrenarse constantemente en practicar un diálogo interior sobre la relación entre un superficial tener ganas o no tenerlas y las necesidades más profundas es de fundamental importancia para la autoconciencia de niños y adultos, porque con ello crece también la capacidad de definirse uno mismo y definir los propios límites individuales frente a otras personas, grupos, amenazas y promesas.

Naturalmente, en principio no hay nada que objetar a hacer determinadas cosas porque se tienen ganas de hacerlas. No obstante, debería uno poder ser capaz de estas dos cosas: tomar decisiones ponderadas y concederse alguna que otra vez un capricho.

Pero quizá podríais objetar, llegados aquí, que los niños se entristecen profundamente cuando nos oponemos a sus deseos.

Sin duda es verdad, pero hay que atribuir a experiencias de su más tierna infancia que hayan aprendido que el amor y el desvelo consiste solo en satisfacer de forma inmediata sus deseos y necesidades. Cuando los padres y otras personas comienzan a decirles que no de vez en cuando, se crea en ellos, ciertamente, un sentido de frustración, pero no olvidemos que también las lágrimas forman parte de la educación que necesitan los niños si quieren mantener relaciones auténticas con los demás. No es el amor lo que lleva a los padres a ahorrarles a sus hijos cualquier frustración, sino el sentimentalismo o el deseo de que se les tenga por un buen padre o una buena madre. Amar significa dar al hijo lo que verdaderamente necesita para poder llevar una vida buena. Por eso, ese *no*, que tanto trabajo exige a los padres, es a menudo la respuesta más amorosa que pueda darse a un niño.

2. ¿Cuándo un *no* es la respuesta correcta?

Naturalmente, corresponde a cada cual responder a la pregunta de a qué podemos y queremos decir *no*. Me limito, por tanto, a presentar algunas reflexiones generales y algunas experiencias. Empecemos explicando a qué cosas, nosotros los padres, no podemos decir *no*.

No podemos decir *no* a las necesidades fundamentales de nuestros hijos, necesidades de proximidad, afecto, seguridad, cuidado, alimento, vestido y reposo. Si lo hacemos, no cumplimos con nuestras obligaciones asistenciales y podemos perder el derecho de vivir junto con nuestros hijos. Pero hay también padres que, por diferentes razones, no están en condiciones de cumplir con su responsabilidad. En este caso, es necesario confiar los hijos a otras personas por un período de tiempo más o menos largo. Esos padres no son ni mejores ni peores que los que tienen el privilegio de estar a la altura de su responsabilidad.

En lo demás los padres pueden casi siempre decir *no*. Pero me gustaría proponer el siguiente ejercicio de reflexión antes de que la inseguridad y la duda provoquen un no poco ponderado.

El *no* ponderado

Cercioraos de vuestras valoraciones, límites y necesidades, y valorad las consecuencias que el *no* pueda tener para la vida de vuestros hijos. Si han llegado ya a los 3 años de edad, deberíais tomar en consideración también sus propias ideas, sus experiencias, miedos y expectativas. Eso no significa que les otorguéis el mismo poder de decisión reservado a los adultos, sino simplemente que, lo mismo que vosotros, también los niños tienen derecho a ser tomados en serio y ser escuchados. Y además, sus aportaciones suelen ser tan sorprendentes como valiosas. Añádase que son una fuente inagotable de información cuando se trata de estar al día acerca de cómo se ven y de cuáles son sus límites y deseos. A los niños no les gusta hablar de sus sentimientos, pero se expresan con claridad si les damos la posibilidad de hablar de lo que les preocupa.

Tradicionalmente se les concede a los padres poco margen para analizar sus propias dudas y el tiempo necesario para tomar una decisión que luego puedan mantener. Pero vale la pena tomarse ese tiempo. No por ello se es una mala madre o un mal padre. Los niños quieren a menudo provocar una decisión inmediata, pero a la larga miran con mucho respeto a los padres que realmente se esfuerzan en tomarse tiempo para poder decidir.

En el universo infantil hay siempre cosas que no gustan demasiado a los padres. Cambian con la moda. Durante años, las niñas han jugado con las Barbie, y los niños con los Pokémon. En otros tiempos había fusiles, pistolas y caballitos de plástico. Para muchos padres esto no representa ningún problema: ¡es evidente que hay que dar a los niños lo que está de moda! ¡Qué remedio!

Pero no hay argumentos objetivos o resultados de encuestas en que apoyar esta opinión. Cada cual debe desarrollar sus criterios personales al respecto y atenerse a ellos. Hay que empezar cuando los hijos son todavía pequeños y la decisión no supone más que elegir entre piezas de Lego y la parodia estereotipada de una figura femenina. Bastará que pasen diez años y las decisiones se harán más difíciles, con consecuencias de largo recorrido. Lo más importante para los niños es crecer en una familia en la que aprendan a tomarse en serio a sí mismos y a los demás.

Pero ¿cómo debemos comportarnos frente a las posibles reacciones infantiles de desilusión, tristeza o enfado que puede provocar un *no*? ¿No hay que tomar también esas reacciones en serio?

Naturalmente que sí.

En ningún caso debemos criticar, tratar con ironía o ridiculizar las reacciones emocionales, que desde el punto de vista del niño son necesarias y relevantes.

La mayoría de los niños lloran en ocho o diez tonalidades distintas, y es importante aprender a distinguir qué significa cada una de ellas. Si el llanto lo provoca un conflicto con los padres, a menudo es expresión de frustración: un cóctel de tristeza, expectativas decepcionadas e ira; una reacción del todo natural y necesaria para que el proceso de aprendizaje pueda avanzar. No hay ninguna razón para que los padres se tomen demasiado a pecho esa frustración o la vean como consecuencia de un fallo en la educación. En principio los padres no deben inmiscuirse en la frustración de los hijos. No deben intentar consolarlos de inmediato por la frustración ni tampoco combatir esta de otra manera o relativizarla. Al contrario, lo más oportuno a todas luces es una observación empática que la reconozca, como por ejemplo:

—¡No sabía, realmente, que desearas tanto eso!

—Entiendo que estés desilusionado. Te recuperarás pronto, ya verás.

Pero precisamente reacciones empáticas de este tipo son las que crean dificultades a los padres. Es como si se sintieran obligados a decir *sí*, después de haber comprendido lo importante que era para el hijo su deseo. Pero, siguiendo esta lógica, no habría que rechazar ningún deseo, después de haberle preguntado al hijo: «¿Qué te gustaría comer para cenar?», «¿Qué quieres que hagamos el domingo por la mañana?», o «¿Qué regalo te gustaría por Navidad?». Tal como yo lo veo, este comportamiento se basa en valores democráticos bienintencionados, pero que por algún motivo solo redundan en bien del niño. Yo pregunto a menudo a mi mujer qué quiere para cenar, y no por ello me siento obligado a satisfacer por fuerza su demanda. De igual modo, también ella me pregunta a veces por lo que ha de ponerse para salir, y comparece una hora después vestida de otra manera. Preguntas de este tipo demuestran nuestro interés en conocer la opinión del otro, la intención de comunicar y de recibir sugerencias, pero no obligan al que pregunta a regirse automáticamente por la respuesta, con independencia de que venga de un niño o de un adulto. Dar la razón a otro o acomodarse a su voluntad es una manera de mostrar que lo tomamos en serio, pero hay naturalmente otras posibilidades. A veces las preguntas expresan también que uno tiene la intención de querer evitar conflictos y discusiones.

El *no* espontáneo

De vez en cuando los padres sienten un rechazo espontáneo a determinados deseos de los hijos. Una reacción de este tipo se debe quizás a haber interiorizado tanto determinadas normas y valores que ni siquiera es preciso reflexionar antes de dar una respuesta. En otros casos, se trata de «restos indigestos» de la propia infancia y naturalmente hay también reacciones totalmente irracionales y muy poco comprensibles. Cuando un *no* de este tipo da origen a un gran conflicto, vale la pena meditar sobre los motivos que nos han impulsado a darlo, aun cuando uno no esté siempre obligado a tener a mano una explicación de su propia conducta. Es mucho más sano, para la relación entre padres e hijos, que aquellos puedan hacer uso de su derecho a la irracionalidad en vez de verse obligados a construir constantemente complicadas explicaciones pedagógicas.

No puedo explicarte por qué te digo que no, porque ni siquiera lo sé yo. Solo sé que te lo digo en serio, y deberás vivir con ello.

Los hombres no somos criaturas racionales y yo estoy verdaderamente convencido de que tanto los padres como los hijos tienen derecho a ser irracionales, o hasta injustos. No pocas veces nos lleva esto a que solo al cabo de días, semanas o meses seamos capaces de hacer llegar con retraso a los demás la razón de nuestro comportamiento. Por otro lado, si cada vez recurrimos a una explicación espontánea, impedimos que nuestra conciencia pueda elaborar mejor la respuesta a una pregunta determinada. Y no aprenderíamos nada de nosotros mismos.

No hay motivo alguno de que los padres deban tener siempre una respuesta para todo o deban reaccionar solo de una manera razonable y equilibrada. Los niños saben muy bien qué significa comportarse de un modo irracional y no sacan ningún provecho de convivir con padres que quieren aparentar ser distintos de lo que en realidad son.

Cuándo un *no* es negociable

Una vez que se ha dicho *no*, ¿pueden los padres cambiar de idea cometiendo así el error de mostrarse demasiado indulgentes e incoherentes?

En general podemos decir que un *no* debe ser siempre negociable, mientras se respeten dos supuestos. El primero es que el adulto no lo considere tan imprescindible que no pueda retirarlo. El segundo es que se negocie en el transcurso de una conversación o un diálogo y no sea la consecuencia de lloriqueos, chantajes o trampas mezquinas. Si sucede esto último, los padres deberán reflexionar sobre la manera de eliminar esta tendencia destructiva en la vida de su familia.

Las negociaciones en sentido amplio, o sea los intercambios de diferentes puntos de vista, no forman parte únicamente de las estrategias de los hombres de negocios y de los políticos. Son también una manera de poner en práctica la igualdad paritaria. Gracias a ellas nos conocemos mejor a nosotros mismos y a los demás, y obtenemos informaciones a las que no tendríamos acceso si no nos hubiéramos mostrado dispuestos a un diálogo entre iguales. Un adulto que, como consecuencia de un diálogo de este tipo, se afirma en su *no* o lo transforma en un *sí* gana, por parte de sus hijos, mucho más respeto que un adulto que busca todas las maneras de no dejarse influir por la realidad de los demás.

Pero ¿no es importante ser coherente?

Depende de lo que entendamos por «coherencia». Si para vosotros significa fundamentalmente «firmeza», es decir, mantenerse fiel a las convicciones personales de fondo y erigirlas en criterio de actuación, entonces se trata de algo verdaderamente importante.

Pero dar por descontado que siempre hay que mantener el mismo punto de vista en todas las cuestiones, hoy igual que la semana pasada, no es ni realista ni inteligente, porque nos privamos de la posibilidad de aprender. Y de esto se trata justamente en la convivencia con los hijos: comprenderse mejor uno mismo y comprenderlos mejor a ellos, además de volvernos más sensatos y maduros, en lo que se refiere a nuestros juicios de valor, puntos de vista y decisiones.

Es peligrosa la falta de coherencia que padres perezosos y comodones demuestran evitando conflictos importantes o intentando granjearse el favor momentáneo de los hijos. Eso crea inseguridad en los niños y los hace frágiles, y aprenden que los adultos se dejan chantajear y manipular.

Cuando un adulto y un niño adoptan inicialmente posturas distintas respecto de un deseo espontáneo del pequeño, no importa demasiado que el diálogo lleve a una de las dos partes a cambiar de opinión o que ambas mantengan la misma del principio. Es la cualidad de la discusión lo que determina el carácter de su relación y cómo valorarán el resultado final.

La calidad de la discusión se funda en la voluntad y la capacidad en ambas partes de defender el propio punto de vista y saber escuchar al otro. Pero si nos limitamos a criticar y a desprestigiar las opiniones y deseos del otro, el diálogo degenera en una lucha por el poder, que no incluye ningún elemento constructivo, por habilidoso y civilizado que pueda ser. En las discusiones ganar es fácil y perder es difícil, pero el único resultado previsible es la soledad.

Algunos adultos lamentan que las discusiones se les hacen muy cuesta arriba porque los jóvenes son muy hábiles discutiendo. Sucede esto porque los padres no son capaces de transmitir a los hijos el arte de discutir de manera constructiva, que entre otras cosas consiste en saber expresarse con la mayor precisión posible. Puedo entender que padres y maestros encuentren absurdo discutir durante horas por una pequeñez, pero siempre es posible decretar una pausa en el diálogo:

—No quiero discutir horas y horas sobre esto, pero por otro lado me interesa naturalmente conocer tu opinión sobre el asunto. Hagamos solo una pausa y volvamos a hablar después de que ambos hayamos reflexionado un poco más en todo ello.

Si el hijo no está de acuerdo, bastará añadir:

—Lo digo en serio. Mientras tanto, puedes sopesar tus razones e intentar formularlas de la manera más precisa y concisa que te sea posible. Prometo escucharte con toda atención.

Igualdad y democracia se parecen por el hecho de que ambas requieren tiempo. Como adultos sentimos a veces la tentación de evocar aquellos felices años en que la palabra de los padres todavía era ley y cuando a los hijos que querían discutir se les consideraba impertinentes y descarados. No ignoro que todavía hoy es posible tratar a los hijos más pequeños con este estilo, pero el precio a pagar será alto.

Por qué no puede existir un auténtico *sí* sin un auténtico *no*

Antes de afrontar el arte de decir *no* a los hijos mayores y adolescentes, quisiera hacer algunas observaciones sobre por qué el *no* es un presupuesto fundamental para conseguir pronunciar un *sí* con todo el corazón.

Parece ser una característica típicamente humana que podamos afirmar *sí* con plena convicción solo si nos sentimos suficientemente libres para también decir *no*. Esto vale no solo dentro de la familia, sino también en el trato con los amigos y en la relación de un individuo particular con la sociedad o con la empresa. Dicho brevemente: vale para todo individuo e institución con los que deseamos una relación estable porque, de un modo u otro, nos importa.

Si no tenemos la posibilidad de decir no *–o, por lo menos, así nos parece– quedan solo tres alternativas, todas ellas insatisfactorias: el* sí *poco convencido, la mentira o la resignación.*

En la relación con los hijos lo vemos con toda claridad. Los hijos rechazan a menudo hacer lo que los padres desean o pretenden de ellos, no importa que sea lavarse los dientes, vestirse, arreglar la habitación o hacer los deberes. Si reaccionamos a su *no* con una crítica, con intentos de convencer, con presiones, amenazas o promesas, nos enredamos en muchos casos en situaciones que no tienen salida, que conllevan una pérdida de dignidad para ambas partes. Pero si nos limitamos a reafirmar nuestro deseo y a continuación nos alejamos inmediatamente (aunque sea solo por unos minutos), damos al hijo la posibilidad de reconsiderar su rechazo a colaborar. De esta forma tiene la oportunidad de decir *sí* manteniendo su integridad personal, en vez de obedecer simplemente o claudicar ante la imposición.

No obstante, este método no funciona si los padres lo utilizan solo como estratagema para imponer su voluntad. Esta forma de proceder debe basarse en el respeto a la integridad del niño y en la confianza en su voluntad de colaborar. Lo mismo vale en gran medida para las relaciones entre adultos.

Aunque la familia puede ser una comunidad afectuosa y cariñosa, es también un complejo sistema de poder dentro del cual el individuo debe defender su propia integridad. Y la palabra clave para esta importante labor es el *no*. Que se exprese en el transcurso de una confrontación abierta y sincera o en forma de una polémica continua depende de la cultura para el conflicto que posea la familia y de la capacidad de liderazgo de los mayores. Una comunidad en la que se respeta la personalidad de cada miembro es una comunidad fuerte. Si falta este respeto, se abren las puertas y las compuertas de la opresión y el egoísmo.

Niños que reclaman de un modo particular su autonomía

Hay una categoría de niños para los cuales la posibilidad de decir *no* antes de poder decir *sí* tiene una importancia verdaderamente decisiva. Los defino como *niños autónomos*, porque en ellos su tendencia a establecer los límites individuales está mucho más acentuada que en otros, desde su nacimiento. No se trata de un defecto ni hay que confundirlos con los jóvenes «autónomos» que conocemos como manifestantes embozados u *okupas* de pisos. Son simplemente distintos de la mayoría de sus coetáneos, que prefieren sentirse una sola cosa con sus padres renunciando espontáneamente a sus límites individuales a cambio de calor y cuidados.

A menudo, aunque no siempre, es posible reconocer esta clase de niños ya enseguida después del nacimiento, porque en su cara y su físico parecen «más maduros» comparados con otros bebés. No tienen las redondeces de un recién nacido, sino más bien una musculatura definida, y en el aspecto motor se muestran más avanzados que sus coetáneos. Su conducta se caracteriza sobre todo porque son prácticamente insensibles a lo que solemos entender como «cuidados». Son a menudo alérgicos al contacto físico cuando no nace de ellos mismos y se retraen ante cualquier conducta adulta que no sea del todo auténtica y libre de intenciones pedagógicas manipuladoras. Algunos manifiestan este comportamiento en casa, pero otros también en la guardería y en la escuela.

Los niños autónomos son una dura prueba para sus padres porque estos siempre tienen la sensación de no comportarse del modo correcto o de ver rechazado su cariño. La madre de una niña de 8 años me describía a su hija entre lágrimas con estas palabras: «He criado otros tres hijos sin ningún problema; pero con ella tengo la impresión de que no consigo quererla. Claro que la quiero, pero no me acepta ni a mí ni mis muestras de cariño, como hacían los otros. No quiere que la lleve a la cama cuando es hora de dormir, sino que insiste en ir ella sola. Rechaza todas aquellas normas que sus hermanos aceptaron siempre sin reservas. Desde el nacimiento retrae su cuerpo cuando intento tomarla en brazos. No me deja peinarla y, si se empeña, en mitad del invierno se pone una chaqueta de verano».

Los niños autónomos tienen la misma necesidad de proximidad y cuidados que los demás niños, pero insisten en decidir ellos solos el momento y la cantidad. Su comportamiento es emblemático del conflicto fundamental que existe en todo individuo entre las necesidades de pertenencia y autonomía.

Metafóricamente hablando, mientras que los demás niños prefieren ser alimentados y luego servidos, los autónomos prefieren un bufé donde servirse ellos mismos. Atribuyen un valor inmenso a los límites individuales y dicen *sí* solo si se les garantiza absoluta libertad de elección. En muchos aspectos se comportan como adultos maduros, con una acusada imagen de sí mismos.

Si los padres les ofrecen ayuda de una manera discreta y renuncian a cualquier intento de explicación, motivación y manipulación, los niños autónomos aceptan de buen grado esa ayuda. Relajan su cuerpo y se alivian claramente cuando se escapan a la soledad. Solo si los padres aceptan por completo su forma de ser particular, esos niños dejan que se les cuide y que los demás se ocupen de ellos.

El *no* dirigido a los hijos mayores y adolescentes

La sociedad del consumo define a veces a los chicos y a las chicas de los 10 a los 14 como *tweens*. Se trata de la abreviatura de *in-betweens*, que a su vez indica una franja de edad a caballo entre la infancia y la pubertad. Los psicólogos definen esta fase como prepubertad. Este grupo de edad, que la industria consumista procura con todas las artes hacer suyo, representa un importante factor potencial económico, a menudo en estridente contraste con los valores de los padres. La mala costumbre en los supermercados de situar dulces y caramelos a la altura de sus ojos es solo un insignificante ejemplo, entre otros innumerables, de la intención de apoderarse del cerebro y de la cuenta bancaria de este grupo de edad.

Al mismo tiempo, de los 11 en adelante, la mayoría de los niños comienza a orientarse más hacia sus coetáneos que hacia sus padres y otros familiares, cuyos valores y normas han sido hasta ese momento el principal punto de referencia. Lo cual no significa, sin embargo, que los padres y la familia hayan perdido del todo su influencia. Significa que en los años venideros los jóvenes deberán aprender a convivir con dos sistemas diferentes de valores, a mendo en conflicto entre sí. Cuando, finalmente, como un rayo en la claridad del cielo azul, llega la pubertad, todo de arriba abajo es puesto en discusión. La sensación que tienen algunos padres de estar sometidos a constantes desafíos y provocaciones es realmente un juego de niños comparada con la enorme cantidad de sensaciones, intentos de manipulación y procesos de transformación involuntarios a los que deben responder los hijos.

A partir de este momento, la posibilidad para los padres de ejercer poder sobre sus hijos va decayendo más y más, y la simple idea de dar una orden y dar un «¡no!» les parece a muchos tan necesaria como impensable.

Pero por fortuna existen otras posibles maneras, aparte de las órdenes y las prohibiciones, de poner en juego la propia influencia.

Ante todo habría que recordar que los valores y la conducta de los padres continúan ejerciendo un papel importante en la conciencia de los hijos. Ver esto o sentirlo confirmado no es siempre fácil, porque los jóvenes se expresan a menudo con la voz de su cultura propia: una decisión comprensible si se tiene en cuenta que, en sus diez primeros años de vida, han dedicado casi todas sus energías a conformarse a la imagen de los padres y a permanecer absolutamente fieles a ella. En cierto sentido, los padres y las madres viven en el pasado, y los jóvenes en el futuro, un futuro justamente para el que los padres solo pueden obtener un visado de visitantes. Los hijos mayores hablan con la voz del futuro y conviene escucharlos muy en serio, porque utilizarán esa voz todo el resto de su vida.

Por igual motivo, es importante que los padres sigan defendiendo los valores en que creen y acepten que las diferencias son inevitables. Es importante que digan *no* con convicción y defiendan el derecho de los hijos a hacer lo mismo. Es necesario construir un puente entre pasado y futuro, y esta tarea incumbe principalmente a los padres.

Lo más difícil es renunciar al poder y al control, también cuando se ha intentado hasta ese momento ejercerlo de la manera más democrática y cauta posible. La posibilidad de expresar órdenes y prohibiciones es sinónimo, para muchos padres, de darse cuenta de la propia responsabilidad. Desde cierto punto de vista, esto es correcto. En todo caso, es una irresponsabilidad renunciar en principio al propio poder como adultos.

El período tween *es esa fase en la que los padres deben ejercitarse en percibir su responsabilidad de una manera distinta. De ahora en adelante es preferible que se sientan como «compañeros de aprendizaje», por tanto, como socios de entrenamiento, que oponen la máxima resistencia causando el menor daño posible.*

Normalmente esto significa que se hace cada vez más necesario mantener largas discusiones. En algunas familias, los conflictos serán más violentos y frecuentes. Ello depende de cómo y en qué medida supieron los padres controlar los conflictos propios de la infancia.

Si la hija de 13 años quiere ir a una fiesta con gente de 18 a 20, podemos tranquilamente decir que no, si esto es lo que se corresponde con nuestras convicciones, aunque una de sus amigas haya conseguido el permiso de sus padres. La consecuencia puede ser la cara larga de un par de días, y también es posible que la hija recuerde aquella «escandalosa injusticia» todo el resto de su vida, pero ambas partes pueden vivir con ello.

Pero si la hija ya tiene 15 años, obviamente los padres pueden hacer lo posible para influir en la decisión final, pero sería una estupidez que le impidieran ir a la fiesta amenazándola con un castigo. Con la llegada de la pubertad, los adolescentes deben aprender a asumir la responsabilidad de sus decisiones. Si los padres conocen el arte de dialogar, podrán ejercer todavía un gran influjo sobre las decisiones de sus hijos, y han de darse por satisfechos con ello. De ahora en adelante, los *teenagers* deben sacar sus propias conclusiones de cuanto han aprendido en su infancia, de sus experiencias, sus sueños y sus objetivos.

Decid no, *por tanto, con toda tranquilidad, si estáis convencidos de ello. Solo así ayudáis a vuestros hijos a desarrollar una integridad personal suficiente para poder decir* no, *a su vez, en el futuro, cuando puestos ya en el gran mundo sea necesario hacerlo. Puede suceder que los hijos os reprochen que «no tenéis ni idea», pero esto no importa. Lo que importa es poder mirarse con tranquilidad en el espejo.*

Pero –quizás os preguntaréis llegados a este punto– ¿para qué sirve mi *no* si los hijos acaban haciendo siempre lo que se les antoja? Ciertamente, no sirve para que ellos hagan lo que queréis vosotros, pero vuestro *no* es importante tanto para la relación con vuestro hijo como para tener la conciencia tranquila; además, por lo general produce un efecto mayor de lo que pueda parecer en un primer momento.

En algunas familias, la fase de la adolescencia degenera tanto que todos se dicen continuamente *no* unos a otros. Los padres intentan en vano crear un contexto vinculante con límites bien definidos, mientras que los hijos intentan casi constantemente hacerlos saltar por los aires. Si se llega a este punto, aconsejo a los padres que se detengan un momento, respiren profundamente y, observando atentamente al hijo que han criado, acepten desde el fondo del corazón su personalidad al completo. En esta fase, contrastes y conflictos son algo natural; pero no lo es hacerse la guerra continuamente, e incumbe a los padres poner fin a ella, si es necesario. Los padres han de aceptar la realidad y reconocer que su método de gestión y orientación ha fracasado –benévolo y razonable como pueda haber sido– y que ahora es momento de centrar las fuerzas en reajustar la relación con el hijo. No se trata de tener razón, sino de mantener el contacto y la confianza mutua.

La confianza es a menudo una cuestión complicada. Tenemos una larga tradición de hacernos unos a otros responsables por el grado de confianza o desconfianza que nos mostramos:

«¿Cómo puedo confiar todavía en ti si tú...»

«¡Tú mismo me has demostrado ya muchas veces que no se puede confiar en ti!»

En el fondo, nuestra confianza en los demás es expresión de un determinado sentimiento cuya responsabilidad recae sobre nosotros mismos. La desconfianza surge a menudo cuando los demás no satisfacen con su conducta las expectativas que depositamos en ellos. Para los niños mayores y los adolescentes, la confianza de los padres tiene una importancia absolutamente decisiva. Si no la perciben, se sienten realmente abandonados y desesperados. Hablamos de la confianza de los padres en cuanto estos saben que sus hijos, de acuerdo con sus posibilidades y experiencias, hacen todo lo que pueden con la mejor de sus intenciones.

En esta fase de la vida toca a los adolescentes averiguar qué convicciones comparten con sus padres y qué otras rechazan. No para distanciarse de ellos, sino para conocer sus propios límites, necesidades, deseos y objetivos. El modo en que sus padres determinaron sus límites en el pasado se reflejará, inevitablemente, en la capacidad de los jóvenes para hacer lo mismo ahora, dentro o fuera de las paredes de la casa. Algunos emprenderán su propio camino con toda naturalidad y autoridad; otros deberán luchar para ir dejando atrás paso a paso su infancia.

3. Aprender a decir *no* con la conciencia bien tranquila

El *no* personal es el mejor *no* desde cualquier punto de vista. Ya el simple camino que nos lleva a formularlo nos enriquece, con él no se molesta a nadie y deja además un buen sabor de boca. Añadamos que es un *no* cordial y constructivo a un mismo tiempo, y fortalece nuestra autoestima.

Pero antes de hacerle más publicidad, miremos atentamente algunas variantes del *no* impersonal, el más difundido:

«¡No puede permitirse una cosa así!»
«¿Pero quién te crees que eres?»
«¡Así no va!»
«¿Cómo te atreves a pedir una cosa así?»
«¡Me parece que has perdido la cabeza!»
«Solo escucho siempre "yo quiero", "yo quiero". ¿No podrías pensar también un poco en los demás?»
«¡Sabes muy bien, lo que pienso de esto, amigo!»

Son algunos ejemplos agresivos y críticos. Pero a menudo recurrimos a otros evasivos y vagos:

«No suena muy bien esta idea...»
«Ay, estoy tan cansada hoy...»
«No creas que quiera jugarte una mala pasada, pero...»

«Bueno, en circunstancias normales...»
«En principio sí, pero...»
«De acuerdo, pero tienes que prometerme...»

Según una tradición fuertemente arraigada consideramos penoso, arrogante o egoísta expresarse de un modo personal. Esto es así porque hemos vivido mucho tiempo en una sociedad y una estructura familiar en las que la capacidad de subordinarse dominaba por encima de las exigencias y deseos del individuo. De entonces a esta parte se han hecho grandes progresos cualitativos, desde el punto de vista psicológico, en la relación entre los sexos así como entre la que hay entre padres e hijos. Esto ha favorecido la aparición de normas de convivencia totalmente nuevas dentro de la familia. Por ser nuevas, por un lado se les opone todavía una gran resistencia mientras que, por otro, se intenta aceptarlas con mayor o menor éxito.

El *no* personal emana de nuestros valores personales, de nuestros límites, sentimientos y experiencias, y está motivado sobre todo por nuestra responsabilidad individual (yo prefiero hablar de responsabilidad personal): esa responsabilidad que todo individuo debe aceptar frente a sus sentimientos, pensamientos, acciones y decisiones, en la medida en que no puede ignorarlos. La responsabilidad personal es enemiga de todo sistema autoritario. En los sistemas democráticos y en las relaciones de igualdad es esencial, porque, en su ausencia, somos unos víctimas de los otros y una carga para la sociedad en lugar de individuos útiles.

El *no* personal dirigido a familiares y amigos no tiene nada que ver con el rechazo, sino más bien con el deseo de decirnos *sí* a nosotros mismos. En ocasiones, nos decidimos a hacer frente a determinados sacrificios y a aceptar compromisos, pero si sacrificamos nuestra esencia más profunda y renunciamos a los límites, valores y exigencias personales más importantes, no estamos contrayendo un compromiso con los demás, sino con nosotros mismos: disminuimos nuestra integridad personal, con lo que no solo sufre de este modo la cualidad de nuestra vida, sino también la de nuestras relaciones interpersonales. A veces no es fácil averiguar nuestros límites y valores; muchos los confunden con puntos de vista y opiniones personales. La interacción con el prójimo pone a menudo a prueba estas últimas y, de vez en cuando, se muestra que no aguantan una comprobación. A gran parte de nuestras opiniones y convicciones hemos llegado más o menos por casualidad. Por esto debemos revisarlas o darles un nuevo fundamento, si no queremos que se conviertan en un escudo que solo sirve para mantenernos a distancia de los otros que difieren de nosotros.

Pero ello no significa que debamos estar obsesionados por no ofendernos mutuamente. Es muy importante que el prójimo se dirija a nosotros con sus necesidades, aspiraciones y exigencias y que muestre un cierto tesón en querer verlas atendidas. Solo así tenemos manera de saber a qué podemos decir *sí* y a qué debemos decir *no*. Nuestro *yo* no es ninguna magnitud inmutable que hayamos conocido de una vez por todas. Se modifica con el tiempo y a partir de nuestras relaciones con los demás. Cuantos más desafíos debamos afrontar más ocasiones tendremos de asegurar nuestra propia identidad.

Si estáis leyendo un libro o mirando el telediario y vuestro hijo de 5 años os pide que juguéis con él, debéis tomar una decisión. O le decís que sí porque os gusta jugar con él o le decís que no porque preferís mirar la televisión.

—No, Michael, ahora no tengo ganas de jugar contigo.

—¿Por qué no?

—Porque prefiero mirar la tele, que dan las noticias.

—¡Ayyy, ven a jugar conmigo!

—No, ahora no.

—Papá tonto.

—Bueno, te pareceré tonto, pero las cosas son como son.

¿Podemos realmente comportarnos de esta manera? ¿No estamos haciendo que el niño se sienta rechazado? «Sentirse rechazado» es una definición clásica de la psicología, que en sus orígenes indicaba la sensación que experimentan los niños cuyos padres son siempre inaccesibles en el aspecto emocional. La consecuencia frecuente de estos casos es que los hijos continúan sintiéndose rechazados toda la vida, cada vez que alguien les dirige un *no*. Pero en el ejemplo citado el niño no se siente alejado por un padre frío e insensible, sino que recibe la comunicación cordial y amigable de que el progenitor no está para jugar hasta que termine el telediario. Sin duda esto puede causar en el niño cierta irritación y alguna desilusión, pero no es una tragedia. El diálogo falla solo si se convierte en impersonal:

—¡No! ¿No ves que estoy mirando la televisión?

—¿Pero por qué no?

—Ya te lo he dicho. ¡Vete con tu madre!

—Por favor...

—¿Debo repetirlo tres veces? ¡Y cállate, que no se entiende nada!

La tendencia de algunos padres a verse inducidos a nadar entre dos aguas hay que referirla, presumiblemente, a los propios recuerdos de su infancia o una cierta incomodidad por expresarse de forma directa, como vemos en el segundo ejemplo que sigue:

—No ahora, no, tesoro. Papá quiere ver un poco más el telediario; no durará mucho.

—¿Por qué no quieres jugar conmigo?

—Sí quiero jugar contigo, ¿pero no crees que podrías jugar tú solo un poquito más? Solo unos minutos, guapo... Y luego vendrá papá a jugar contigo.

—¿Por qué estás siempre mirando la tele?

—No, no es verdad que la mire tanto...

—¡Pues yo quiero que ahora juegues conmigo!

—Déjame descansar un poco más y jugaré contigo. A lo mejor podrías buscar un libro que podamos leer antes de ir a la cama... ¡En fin, de acuerdo! ¿A qué quieres jugar?

La escena termina con un consenso poco entusiasta, pero que no concede a ninguna de los dos partes lo que se desea o lo que se necesita. El niño se frustra porque no consigue instaurar un verdadero contacto con su padre y este se frustra también porque se sacrifica sin la recompensa de un hijo feliz. Los niños frustrados no logran desarrollarse de un modo equilibrado y los adultos frustrados se mantienen siempre a la defensiva y tienen el ánimo alterado.

Solo la satisfacción de asumir la propia responsabilidad y la aceptación de que los demás tienen el mismo derecho hacen que el *no* personal sea cordial y constructivo.

Si los niños notan que se les responde con un *no* personal, aprenden muy pronto a respetar las exigencias y los límites que los demás les imponen. No desean otra cosa que colaborar con sus padres y pueden aceptar su personalidad sin problemas. Pero si se establecen límites rígidos y se les remite a reglas y tradiciones anticuadas, cualquier niño sano intentará, de dos veces una poner a prueba su validez.

Saber que los padres piensan exactamente lo que dicen y que dicen lo que piensan es uno de los regalos más hermosos y duraderos que podemos hacer a nuestros hijos.

El *no* masculino y el *no* femenino

Cuando mi hijo tenía unos 3 años, de vez en cuando, se acercaba a mí o a su madre mientras trabajábamos en el despacho. Era curioso y tenía ganas de estar con nosotros. Cuando me tiraba de la pernera del pantalón para reclamar mi atención, le pedía que esperara un momento y apartaba a un lado los documentos importantes para evitar que acabaran víctimas de sus impulsos de explorador. «También yo escribir», decía a menudo, ya subido a mis rodillas, y alcanzaba inmediatamente papeles y lápiz. Cuando al cabo de poco sentía el deseo de volver a mi trabajo, se lo decía, lo dejaba en el suelo y volvía al texto sobre el que trabajaba. La mayor parte de las veces se marchaba contento, y cuando se sentía decepcionado por no haber recibido suficiente atención se iba a su madre, que ocupaba otra zona de la casa.

Aunque ella estaba también trabajando en su despacho, le dedicaba inmediatamente toda su atención. No pensaba en desplazar antes los documentos, sino que tomaba enseguida al pequeño en su regazo, y a veces, como resultado, se veía obligada a rehacer todo el trabajo. Al cabo de un rato le explicaba, siempre con mucha calma, que debía reemprender su trabajo, pero esto no parecía interesar lo más mínimo al pequeño. Apenas intentaba mi mujer bajarlo al suelo, el hijo oponía resistencia y se sujetaba a las piernas de su madre. Si yo caía por allí, ella no paraba de acusarme de no cuidar nunca del niño. De este modo una situación del todo inocente acababa degenerando en un pequeño drama familiar.

La situación es clásica y bien conocida por la mayor parte de las familias, porque a los hombres les cuesta menos que a las mujeres decir *no* de un modo irrevocable. He oído a infinidad de parejas contarme que la madre tenía muchos conflictos con los hijos cuando se ocupaba de ellos mientras que el padre solo raras veces tenía problemas cuando estaba solo con ellos. En vez de aprender uno del otro, estas parejas se enredaban en un callejón sin salida de acusaciones mutuas: él le reprochaba a ella ser demasiado condescendiente e inconsecuente; ella le acusaba a él de insensible y poco dedicado.

El *no* masculino, o el *no* definitivo, no es pese a todo prerrogativa de hombres y de padres. Hay muchas madres que aprenden también a utilizarlo. No sé explicar esta diferencia específica de género, pero quizá la causa sea simplemente el hecho de que las mujeres, desde un punto de vista histórico, siempre han tenido muchas menos posibilidades de decirse *sí* a sí mismas que los hombres, los cuales –por lo menos en el ámbito de la familia– pudieron desarrollarse con mayor libertad.

Es sin duda una realidad que a muchas madres (y a los hijos) les sería muy provechoso librarse del sentimiento de culpa y de los remordimientos de conciencia: una conciencia intranquila lleva en efecto a formulaciones poco claras y obliga a los hijos a conflictos permanentes, porque los mensajes que reciben no son claros.

Sin embargo, en los últimos años algunos padres han desarrollado evidentemente la misma infausta tendencia y evitan los conflictos con la mujer y los hijos. No hay nada malo en buscar siempre el consenso, pero es poco inteligente negarse uno mismo por el bien de la paz.

Algunos padres ignoran totalmente para qué son propiamente idóneos, y a menudo creen que se trata solo de puntos de vista distintos sobre la educación de los hijos. Por esto tampoco se ponen en la situación de ayudar a su mujer o a su compañera en desarrollar una mejor relación con los hijos. Lo cual es enojoso, porque sus parejas necesitarían sentirse animadas y alentadas a cuidar más de sí mismas, para el bien de toda la familia. Retraerse y limitarse a criticar es demasiado cómodo.

El *no* en relación con la pareja

Sin querer relativizar la importancia del *sí*, podemos hacer un mayor favor a nuestra pareja si la animamos a decir alguna vez también *no*. Como muchos de nosotros no somos todavía conscientes de ello, necesitamos ayuda y apoyo:

—¿No vamos a ver a mi hermana este fin de semana?
—¿Por qué? ¿Ha llamado?
—No, pero ¡hace tanto que no la vemos!
—Hm…, en realidad había pensado que podíamos…
—Nos toca a nosotros. Estaría bien ir.

—Sí, es verdad, pero no hace mucho que fuimos…

—¿Por qué eres siempre tan negativo cuando yo te propongo algo o cuando se trata de mi familia?

—No he dicho para nada que no quiera. Solo que… De acuerdo, vamos a verla.

Si hay demasiadas discusiones de este tipo, con el paso del tiempo se crea un clima fastidioso de acusaciones recíprocas y de irritación general. Naturalmente, el marido podría acusar a su mujer de ser una manipuladora y la mujer a su marido de blandengue, pero esto no ayudaría a nadie. Veamos una alternativa mejor:

—¿No vamos a ver a mi hermana este fin de semana?

—¿Por qué? ¿Ha llamado?

—No, pero ¡hace tanto que no la vemos!

—Hm…, en realidad había pensado que podíamos…

—A mí me gustaría visitarla, pero ya veo que prefieres hacer otra cosa.

—No, pero…

—En fin, ¿qué hacemos?

—Yo preferiría pasar un fin de semana tranquilo en casa.

—Puedes rechazar mi propuesta con toda tranquilidad.

—¿Pero no te enfadas?

—Puede, pero me molesto más cuando no me dices lo que realmente quieres. Claro que me gustaría ver a mi hermana, pero prefiero entenderme con mi marido. Todo lo demás ya se arregla.

Comportarse así es la elección más inteligente para la mujer. En lugar de asumir toda la responsabilidad para el fin de semana, la delega de alguna forma en su marido, no atacándolo sino invitándolo a discutir libremente el asunto.

No hay nada malo en pensar también en el otro y en tener en cuenta las exigencias y los límites individuales de la pareja. A la larga, no obstante, esto acaba dañando la relación si ambos no aprenden a asumir cada uno sus propias responsabilidades. En una relación de pareja, la responsabilidad individual no es simplemente «asunto de uno». Interesa siempre a ambos porque la responsabilidad a la que uno se sustrae recae automáticamente en el otro.

La misma facilidad que tienen algunos padres para decir *no* a los hijos se les convierte en dificultad a la hora de decir *no* a su mujer o a su compañera. En el fondo hay para ello muy buenas razones –y alguna también pésima–, pero hacer aquí una lista de todas ellas nos llevaría demasiado tiempo.

Permitidme, en cambio, indicar algunas de las consecuencias más relevantes que acarrea consigo un *no* sin expresar en uno y otro sexo:

- Se resiente la confianza que tu pareja pone en ti por nobles que puedan ser tus motivaciones.
- La proximidad disminuye. Os va a ser cada vez más difícil estar uno cerca del otro, porque los *noes* no expresados se acumulan dentro de vuestro «sistema», haciéndoos agresivos u obligándoos a estar a la defensiva. Los muchos *noes* pequeños se suman en un gran y definitivo «¡no!» a la convivencia como pareja.
- Perdéis el respeto hacia vosotros mismos y perdéis, por tanto, autoestima.

• Os convertís en un pésimo ejemplo para vuestros hijos.

Naturalmente, es correcto preguntarse si pequeños errores de comunicación pueden realmente convertirse en un gran error. En última instancia nadie es perfecto, y a pesar de ello muchas personas llegan a entenderse bien. Y esto es así. Obviamente, os toca a vosotros decidir de qué manera queréis vivir juntos.

Los niños necesitan padres capaces de ser tan buenos modelos de los roles sociales como sea posible, aunque la experiencia nos enseña que los muchachos salen ganando, sobre todo, con padres que son capaces de decirse *sí* a sí mismos y decir *no* a la compañera. Las muchachas tienen igual necesidad con relación a su madre, aunque tal necesidad normalmente es satisfecha antes, porque las mujeres –en comparación con lo sucedido en generaciones anteriores– han conseguido entretanto grandes progresos en cuanto a saber cuidar de sí mismas. Se añade, además, que las hijas atraviesan a menudo una fase en la que dicen *no* a la madre para saber hasta qué punto se parecen a ella.

Los muchachos con frecuencia se ven superados por las chicas en lo que se refiere a desarrollo mental y emocional, en parte como consecuencia de la tendencia de las madres a protegerlos y servirlos más de lo debido. A diferencia de las hijas, a menudo no aprenden a decir *no* a su madre. Como no temen tener que parecerse algún día a la madre, no se ven obligados a oponerse tanto a ella para definirse, como hacen las chicas. Dependen mucho más de buenos modelos de roles masculinos, de padres por tanto suficientemente maduros como para decir *no* a su mujer, cuando está en juego su propia identidad.

El arte de decir *no* al *partner* adulto y a los amigos más cercanos no se distingue del arte de decir *no* a los propios hijos, porque se funda en la voluntad del individuo de decirse *sí* a sí mismo. Muchos de nosotros deberíamos primero empezar por esto último y esperar pacientemente que la buena conciencia se abra camino poco a poco a través de los estratos del sentimiento de culpa, de la mala conciencia y el miedo a la pérdida del otro, que pueden ser tan duros y densos como el pavimento de una calzada. Tenemos todo el derecho de decir *sí* o *no*, como creamos conveniente, pero ese derecho debe fundarse en nuestra propia iniciativa. Solo en casos muy raros nos será servido en bandeja de plata.

¿Pueden también los hijos decir *no* a sus padres?

¿Deben también los hijos aprender el arte de decir *no*, lo cual incluye la posibilidad de decir *no* a sus padres? La respuesta depende, exclusivamente, de lo que quieran los padres y de los objetivos que se hayan propuesto.

Es un misterio verdaderamente insondable que gran parte de las palabras que, como educadores, dirigimos a nuestros hijos provoque en ellos solo un efecto débil y de poca duración. Pero nuestras acciones sí que dejan en ellos huellas perdurables, que ejercen un influjo determinante en su desarrollo y su conducta. Nuestra forma y manera de ser personas y ocupar nuestro puesto en el mundo son de fundamental importancia para el desarrollo de nuestros hijos. Esto quiere decir que, como educadores, nuestro mayor éxito se produce cuando nuestras palabras concuerdan con nuestras acciones y nuestra personalidad individual.

Esto significa también, evidentemente, que transmitimos a los hijos tanto los aspectos positivos como los destructivos de nuestra personalidad (debido a su capacidad y voluntad de colaborar), que seguramente habremos «heredado» también de nuestros padres.

Si solo tenemos un hijo, es muy probable que se parezca a uno de los progenitores. Con dos hijos la semejanza se reparte a menudo entre ambos padres. El tercero, el cuarto y el quinto hijo gozan de una mayor libertad, desde un punto de vista existencial, y quizá no sea una casualidad que muchos de los más famosos personajes creativos del mundo hayan ocupado el tercer puesto en la serie de la filiación familiar.

En este contexto debemos tener presente que nuestro comportamiento concreto, tanto dentro como fuera de la familia, no refleja a menudo lo que tenemos en la cabeza (la imagen de nosotros mismos) o expresamos con palabras (nuestros puntos de vista y convicciones). Muchas mujeres, por ejemplo, en los últimos cuarenta años han intentado liberarse del peso del tener que hacer siempre todo «en la forma correcta», y el poco éxito alcanzado se hace evidente en el hecho de que un increíble número de mujeres jóvenes han vuelto hoy voluntariamente a echarse de nuevo a sus espaldas ese mismo peso. Por consiguiente, no deberíamos nunca dejar de preguntarnos qué objetivos buscamos en principio con la educación que damos. En general, hay dos posibilidades:

- En el caso de una educación corta de miras, que solo se atiene, por así decirlo, a lo que pasa día a día, a los educadores les interesa sobre todo cómo han de comportarse los niños con ellos y con los demás. (Entiéndase bien, mientras son niños.)
- En el caso de una educación lúcida, a los educadores les interesan los valores y el comportamiento

personal y social que hay que transmitir a los niños para la vida que les espera, de forma que se asegure al máximo su salud mental y social.

Durante generaciones, estos dos objetivos han estado en conflicto entre sí, y en parte puede que todavía lo estén. Algunas escuelas y algunos docentes desean abiertamente alumnos tan obedientes y conformados que seguramente luego tendrán problemas en la vida. No hemos conseguido hasta hoy desarrollar una sociedad que tenga como principal punto de mira la responsabilidad personal de los individuos.

Hace apenas una generación, se consideraba casi increíble que los hijos respondieran con un *no* a sus padres. Se consideraba un signo de desobediencia, un resultado de una educación deficiente, un comportamiento indecoroso o simplemente un gesto de desafío. Los adultos lo veían como una incitación a una lucha por el poder, en la que evidentemente ellos debían vencer.

En los últimos años la exigencia de ser obedientes ha ido atenuándose poco a poco. Se empezó por considerar que en el fondo es cosa aceptable defender opiniones y convicciones (valores democráticos) diferentes, y actualmente se ha llegado al punto de reconocer también a niños y adolescentes el derecho a tener límites personales propios y luchar en defensa de los mismos (valores existenciales).

Como dijimos anteriormente, incluso los bebés son capaces de expresar sus necesidades y sus límites (que yo llamo su «integridad personal»), aunque no sean capaces de luchar para conseguirlos y defenderse de los ataques. Solo los niños cuyos padres están dispuestos a aprender el arte de decir *no* consiguen respetar su integridad y la de los demás. Por esto, en una familia sana debe aceptarse, o mejor, debe valorarse que los niños se apropien realmente del arte de decir *no* de sus padres y sepan luego aplicarlo a sus mismos progenitores, a sus hermanos y a sus abuelos. En comparación con lo que hacen sus padres, los hijos lo van a practicar de todos modos mucho menos de lo que propiamente debieran. Predomina en ellos su capacidad y su voluntad de adaptación.

Igual que en la relación con los adultos, esto no significa que los padres deban inclinar humildemente la cabeza y someterse a la voluntad de los hijos, cada vez que estos les dirijan un no. *Solo significa que deben tomar en serio el* no *de sus hijos y que en principio deben otorgarles el derecho a formularlo.*

Vivimos en un mundo en el que 88 niños de cada 100 sufren regularmente violencia física y psíquica, así como graves abusos por parte de sus padres, que lesionan su integridad personal. Hay que añadir los abusos de naturaleza violenta o sexual por parte de otros niños y muchachos, como el *mobbing*, la coerción o la violación. Podemos adoptar ante esas manifestaciones una posición moral o jurídica. Pero solo se pueden evitar procurando que los hijos crezcan en un ambiente en el que vean respetar su integridad personal y aprendan sistemáticamente a afirmar sus necesidades y sus límites, respetándose a sí mismos, sin ninguna vergüenza y sin ningún sentimiento de culpa.

Uno de los mayores problemas de los niños es no ver en absoluto respetadas sus diferentes maneras de decir *no*. Hasta la pubertad experimentan muchas dificultades para articular verbalmente el *no* de modo que sea oído y tomado en serio por sus padres. Por ello desarrollan de vez en cuando señales y síntomas psicosomáticos y comportamentales específicos. Podemos observar este fenómeno en el enorme número de los niños ingresados en hospitales por causa del estrés provocado dentro de la familia. Igual que la mayoría de los adultos, tampoco ellos consiguen verbalizar su malestar. De modo que es el cuerpo el que asume esa tarea y dice *no* en forma de dolor de cabeza, o de estómago, mareos, problemas de concentración, etc.

Aunque quizás hemos abandonado la idea de querer casi a cualquier precio hijos obedientes, continuamos esperando que nos escuchen y hagan lo que les decimos, da lo mismo que sea lavarse los dientes, hacer los deberes o arreglar su habitación. ¡Nos sentimos felices si cooperan! Esto nos lleva al segundo gran misterio al que se enfrentan educadores y pedagogos:

Si se trata a los hijos tutelando y respetando sus límites personales, escuchan efectivamente lo que les dicen sus padres y hasta por lo general obran en consonancia. Quizá no siempre ni con demasiado entusiasmo, pero en general lo hacen.

Muchos adultos de nuestra época han sufrido numerosas heridas en su infancia y juventud y por lo común tienden a negar sus repercusiones negativas. En parte han desarrollado también una cierta angustia de la vida que los lleva a percibir el hambre vital de sus hijos y la naturalidad con que reclaman su puesto en el mundo como una provocación, que a veces creen dirigida a ellos mismos de un modo totalmente personal.

Todo esto significa, naturalmente, que nosotros los padres consideramos el derecho y la posibilidad de que nuestros hijos digan *no* (afirmándose por tanto a sí mismos) desde dos perspectivas distintas. Ambas deberíamos tenerlas siempre presentes en nuestra relación cotidiana con ellos. Deseamos enormemente que nos digan *sí* y que se lo digan también a nuestras exigencias y expectativas. Pero, por otra parte, también tememos que no sean capaces de decir *no* a lo que nos parece erróneo o nocivo, por ejemplo a los malos amigos y a cosas por el estilo. Los malos amigos se aprovechan precisamente de que vuestro hijo no sea capaz de decirse un *sí* incondicional a sí mismo, haciéndose por ello mismo manipulable.

Hay sin duda otros niños y jóvenes que tienen el privilegio de saber defender con toda tranquilidad sus límites, necesidades y valores personales. Representan todavía una minoría, pero no son ni acosados ni acosadores. No roban en los centros comerciales, aunque lo hagan sus amigos. Desarrollan su sexualidad de acuerdo con sus condiciones. Discuten abiertamente con los adultos sobre diferencias de opinión. No se drogan ni están alcoholizados: son ajenos a toda forma de dependencia. Al contrario, se sienten a menudo distintos de sus coetáneos, y principalmente las chicas y las muchachas jóvenes tienen con frecuencia dificultades para encontrar a un compañero o a un novio parecido a ellas.

Puede resultar, de verdad, sorprendente descubrir cuán exactamente se identifican los hijos con la forma y manera de ver el mundo de sus padres que, con sumo esfuerzo, han aprendido a tomarse en serio. No existe un solo individuo que haya encontrado el perfecto equilibrio entre individualidad y pertenencia, pero si nos permitimos decirnos *sí* a nosotros mismos y permitimos que nuestros hijos hagan otro tanto, dispondremos de un instrumento de control que nos advertirá inmediatamente con una señal de alarma cuando el desequilibrio se haya hecho demasiado grande.